ナツメ社
保育シリーズ

3・4・5歳児向け

保育で使える！
子どもたちが喜ぶ！

なぞなぞ
&
ことばあそび

アフタフ・バーバン
北島尚志 著

ナツメ社

もくじ

Part 1 行事に合わせたなぞなぞ… 7

Part 2 いつでも楽しいなぞなぞ… 49

Part 3 人気のことばあそび…145

この本のあそび方

保育のさまざまなシーンや、ジャンルに合わせて使える
なぞなぞ&ことばあそびが607問！ 本のあそび方や見方を参考に、
子ども達とたっぷり楽しみましょう。

1 活動の**スキマ時間**や導入あそびにぴったり！

活動と活動の間のつなぎの時間や、保護者のお迎えを待つ時間など、園生活のちょっとした合間にできるあそびがいっぱい。Part1は、各季節の行事がテーマになっているので、行事の前後に出すと盛り上がります！

2 子ども達の**想像力**がふくらむ！

なぞなぞを出された子ども達は、想像力をめいっぱいふくらませてこたえを探します。出した問題やこたえに興味・関心が広がるだけでなく、さらに、ヒントを受けて語彙力も身についていきます。

3 すべてのなぞなぞに楽しいヒント付き!

問題によっては、子ども達がこれまで体験した出来事だけではこたえられないものもあるでしょう。そのときは、子どもの様子を見ながらヒントで補います。そこから新たな知識が身につき、興味も広がっていきます。

4 問題の出し方を年齢別にアレンジしてあそべる!

すべての問題に対象年齢を表示しています。それ以外の年齢の子どもも楽しめるよう、年齢に合った問題の出し方や、なぞなぞからさらにほかのあそびや活動へ広がるアレンジのアイデアも紹介しています。

5 子どもが大好きなおもしろことばあそびが満載!

Part3では、つい言いたくなっちゃうおもしろいことばや、繰り返し唱えたくなる「だじゃれ」「回文」「早口ことば」などを掲載。友達とのやりとりや、保育者とのコミュニケーションの手段としても楽しめます。

本書の見方

対象年齢

3歳児向け／
4・5歳児向け／
5歳児以上

問題の種類

なぞなぞは、季節や行事、子どもに身近なものなどに分かれています。ことばあそびは、あそび方ごとに分かれています。

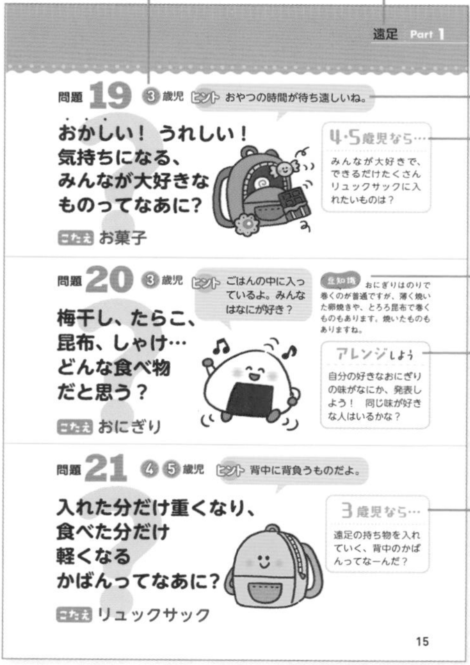

遠足 Part 1

問題 19 [3]歳児 [ヒント] おやつの時間が待ち遠しいね。

おかしい！ うれしい！
気持ちになる、
みんなが大好きな
ものってなあに？

4・5歳児なら…
みんなが大好きで、できるだけたくさんリュックサックに入れたいものは？

[こたえ] お菓子

問題 20 [3]歳児 [ヒント] ごはんの中に入っているよ。みんなはなにが好き？

[豆知識] おにぎりはのりで巻くのが普通ですが、薄く焼いた卵焼きや、とろろ昆布で巻くものもあります。焼いたものもありますね。

梅干し、たらこ、
昆布、しゃけ…
どんな食べ物
だと思う？

アレンジしよう
自分の好きなおにぎりの味がなにか、発表しよう！ 同じ味が好きな人はいるかな？

[こたえ] おにぎり

問題 21 [4][5]歳児 [ヒント] 背中に背負うものだよ。

入れた分だけ重くなり、
食べた分だけ
軽くなる
かばんってなあに？

3歳児なら…
遠足の持ち物を入れていく、背中のかばんってなーんだ？

[こたえ] リュックサック

15

ヒント

すべてのなぞなぞと、こたえの出しにくいことばあそびについています。

4・5歳児なら…

4、5歳児を対象に、少～し難しい問題に言いかえています。

豆知識

子どもたちからの質問や、ちょっとした疑問にこたえるときに役立ちます。
＊言い伝えや由来は、諸説あります。

アレンジしよう

ほかのあそびや活動へと広がるアレンジのアイデアです。

3歳児なら…

3歳児を対象に、簡単でわかりやすい問題に言いかえています。

→ P.204 ～ 207
便利なこたえさくいん付き！
出したい問題がすぐに見つかります。

Part 1

行事に合わせた
なぞなぞ

＜問題 1 〜 116 ＞

園生活の中で大切にしたい、行事に関するなぞなぞを集めました。
なぞなぞをきっかけにして、行事を楽しみにする心や、
季節の移り変わりを感じられるといいですね。

入園式

かわいい新入園児を迎える入園式。式の前に、なぞなぞでリラックスしましょう。なごやかな雰囲気でのぞめますよ。

問題 **1** **4 5** 歳児 **ヒント** 草は「そう」と読むことができるよ。

入園式ではえる草は？

アレンジ しよう

「〇〇〇そう」と表現できることばを、ほかにもあげてみよう。

こたえ うれしそう、楽しそう など

問題 **2** **3** 歳児 **ヒント** 大人が必死になっているよ。にっこり笑顔がいいね。

入園式でとってもとっても怒られないものは？

4・5歳児なら…

これをとられるときはピースをしたり、ポーズをつけたり、笑ったり…。なーんだ？

こたえ 写真

問題 **3** **3** 歳児 **ヒント** みんなはなにクラスかな？ なに組かな？

入園すると、クラスの名前にくっつくお菓子みたいな名前はなーんだ？

アレンジ しよう

クラスの名前をみんなで言って、楽しい園生活の始まりを伝えよう。

こたえ 組（グミ）

8

問題 **4** ③歳児 ヒント あそびもケンカもできる相手のことだよ。

入園すると、いっぱいできるものなーんだ？

こたえ 友達

4・5歳児なら…

夕方に降るのは夕立、できたら自慢したくなるのは逆立ち。では園で増えたのは？

問題 **5** ③歳児 ヒント 胸がドキドキ、バクバクしてくるよ。

入園式で、みんなが感じているちょうちょうは？

こたえ 緊張

豆知識 緊張というのは心がひきしまって、ゆるんだところがないことです。汗をかいたり、胸がドキドキしたりしますね。

アレンジ しよう

4・5歳児の子ども達は、自分の入園式を思い出してみよう。どんな気持ちがしたか、覚えてるかな？

問題 **6** ③歳児 ヒント お花見をするピンクの花だよ。園のそばにも咲いているかな。

春になると「ら」が咲く花は？

こたえ サクラ

豆知識 お花見をするサクラになる実は、売っているサクランボとは違います。売っているのはセイヨウミザクラというサクラの実です。

アレンジ しよう

「♪さくらさくら」（日本古謡）を歌ったり、サクラの花を見に行ったりしてみよう。

問題7 [3]歳児 [ヒント] 今日の主役だね。これからよろしくね。

入園式で、ピカピカしている人ってだーれだ？

アレンジしよう

ほかにもピカピカしている、新しいものや人を探そう。

[こたえ] 新入園児（みんな）

問題8 [4][5]歳児 [ヒント] 園の中を見てごらん。ここにいる人、みんなだよ。

入園式の日にワクワクしている人ってだーれだ？

①先生
②子ども達
③家族

＼全部正解！／

[こたえ] ①先生
②子ども達
③家族

[豆知識] 日本では、入園式や入学式は４月に行われます。しかし、世界ではアメリカやヨーロッパの国々など、９月に新学期が始まることが多いです。

アレンジしよう

ウキウキ、ワイワイなど、うれしい感情のことばを考えてみよう。こたえはいくつでもいいよ。

こどもの日

5月5日は、子どもの成長と幸せを祝う「こどもの日」。こいのぼりなど、行事ならではのアイテムで盛り上げましょう。

問題9

[3]歳児 [ヒント] みんなのお家にも飾られているかな？

5月5日の空に魚が泳いでいるよ。なーんだ？

[こたえ] こいのぼり

[豆知識] 子どもの健やかな成長を願い、かかげられるこいのぼり。江戸時代に「鯉の滝登り」が出世の象徴とされていたことから、縁起物としてあげるようになったそうです。

4・5歳児なら…

こどもの日に、屋根より高く飾られるものなーんだ？

問題10

[4][5]歳児 [ヒント] もちは葉っぱにくるまれていて、あんこが入っているよ。

こどもの日に食べる特別なもちはなーんだ？

[こたえ] かしわもち

[豆知識] 柏の葉は新芽が出るまで古い葉が落ちないことから、親が子の誕生を見守るという理由でこの葉を使うようになったそうです。

アレンジしよう

実際にかしわもちを見せてにおいをかいだり、葉の様子を観察したりしてみよう。

問題 11 [3]歳児

[ヒント] 体の大きさも違うよ。お父さんより小さいんだ。

こいのぼりのまごいはお父さん。ではひごいはだーれ？

[こたえ] 子ども

[豆知識] 昭和初期まで、まごいは黒いこい、ひごいは赤いこいを指しました。昭和中期頃から、青いこい（子ごい）が登場しました。

アレンジしよう

『♪こいのぼり』（作詞：近藤宮子　作曲：不詳）をみんなで歌ってみよう。

問題 12 [3]歳児

[ヒント] 『こいのぼり』の歌詞がヒントだよ。

こいのぼりの子ども達は、どんなふうに泳いでるかな？

①こわそう

②かなしそう

③おもしろそう

[こたえ] ③おもしろそう

アレンジしよう

どうしておもしろそうに泳いでいるのか考えてみよう。

問題 13 [4][5]歳児

[ヒント] 笹などで巻かれた三角形の食べ物だよ。

種をまくのは種まき。ぐるぐる巻くのはうず巻き。ではこどもの日に食べるのは？

[こたえ] ちまき

[豆知識] 西日本から広まったと言われるちまき。ただし、笹の葉にくるまれているのは、西日本では細長く甘い団子、東日本では中華風おこわという違いがあります。

3歳児なら…

葉っぱの服を着て、ひもでくるくる巻かれた、子どもの日に食べるものなーんだ？

問題 14 ③歳児

[ヒント] 夏にとれる人気の虫にちょっと名前が似ているね。

**昔の人は
かぶっていたけど、
今は健康を願って
飾るものなーんだ？**

アレンジしよう
新聞紙でかぶとを折ってみよう。かぶると楽しい気分になるよ。

[こたえ] かぶと

問題 15 ④⑤歳児

[ヒント] みんなのことだよ。

**5月5日の祝日は、
なんの日って
言われて
いるかな？**

①ネコ
②こども
③お母さん

[豆知識]「端午の節句」とも呼ばれ、もとは男の子の厄除けの儀式を行いました。1949年に「こどもの日」として制定され、男の子、女の子ともに健やかな成長を祝う日となりました。

アレンジしよう
こどもの日って聞くとなにを思い浮かべるかな？　みんなで考えてみよう。

[こたえ] ②こどもの日

遠足

遠足の前や、行き帰りのレクリエーションとしても盛り上がるなぞなぞ。遠足といえば思いつくものを集めました。

問題16 [4][5]歳児

[ヒント] 卵焼き、唐揚げ…。あとはなにが入っているかな？

最初はいっぱい、帰ってきたら空っぽ。これなーんだ？

3歳児なら…

行くときはリュックサックの中にあって、帰るときはみんなのおなかの中にあるものって、なあに？

[こたえ] お弁当

問題17 [4][5]歳児

[ヒント] お弁当を食べるときに敷くものだよ。

みんなが座ったり、荷物を置いたり大活躍。だーれだ？

3歳児なら…

たたんでリュックサックの中にしまっていたけど、使うときはブワッと広げるよ。なあに？

[こたえ] レジャーシート

問題18 [3]歳児

[ヒント] 2本必要だよ。おうちでも使っているかな？

お弁当を食べるときに活躍する、ふたごはだあれ？

[こたえ] 箸

[豆知識] 箸を使う国は、日本以外に中国やベトナムなど東アジアに多くみられます。箸の素材は木や竹、金属などさまざまです。

アレンジしよう

ほかにも身の回りにあるふたごのもの、対になっているものを探してみよう！（スリッパ、靴下、手袋など）

問題 19

[3]歳児 [ヒント] おやつの時間が待ち遠しいね。

**おかしい！ うれしい！
気持ちになる、
みんなが大好きな
ものってなあに？**

4・5歳児なら…

みんなが大好きで、できるだけたくさんリュックサックに入れたいものは？

[こたえ] お菓子

問題 20

[3]歳児 [ヒント] ごはんの中に入っているよ。みんなはなにが好き？

**梅干し、たらこ、
昆布、しゃけ…
どんな食べ物
だと思う？**

[豆知識] おにぎりはのりで巻くのが普通ですが、薄く焼いた卵焼きや、とろろ昆布で巻くものもあります。焼いたものもありますね。

アレンジしよう

自分の好きなおにぎりの味がなにか、発表しよう！ 同じ味が好きな人はいるかな？

[こたえ] おにぎり

問題 21

[4][5]歳児 [ヒント] 背中に背負うものだよ。

**入れた分だけ重くなり、
食べた分だけ
軽くなる
かばんってなあに？**

3歳児なら…

遠足の持ち物を入れていく、背中のかばんってなーんだ？

[こたえ] リュックサック

遠足

問題22 [3]歳児

[ヒント] のどがかわいたときに使うよ。

**すいすいすいすいすい…
すいが10個、
飲み物が入るよ。
これなあに？**

4・5歳児なら…

「すい」が10個でなーんだ？ 10（じゅう）には別の言い方もあるんだよ。

[こたえ] 水筒

問題23 [4][5]歳児

[ヒント] 「ヤッホー」っていう人が多いね。

**見えないけれど、
返ってくる
声って
なーんだ？**

アレンジしよう

広めの部屋で、はじとはじの2か所に分かれて向かい合おう。山びこごっこができるよ。

[こたえ] 山びこ

問題24 [4][5]歳児

[ヒント] 王のことを、英語ではキングって言うんだ。

**王は王でも、
自然の中を歩いて
楽しむ王は
なーんだ？**

アレンジしよう

目的地に合わせて、語尾の問題に変えてみよう。例：毎日行くのは幼稚園。では遠足で行くのは？（動物園）

[こたえ] ハイキング

問題25 [4][5]歳児

ヒント 明日の天気を、晴れにしてくれるかもしれないよ。

明日は遠足。そんなとき、おうちに現れるぼうずってだれかな？

①いたずらぼうず
②てるてるぼうず
③みっかぼうず

[豆知識] 中国に晴娘という少女がいました。雨の神にいけにえとして与えると雨が止んだという言い伝えがてるてるぼうずの由来とされます。

3歳児なら…

雨が降らないように、おうちに飾るおぼうさんって、だれのこと？

[こたえ] ②てるてるぼうず

問題26 [3]歳児

ヒント ７色の橋で、雨が降ったあとに出ることが多いよ。

空にかかる橋ってなあに？

[豆知識] 虹は、小さな雨の粒が空気中に残っているとき、太陽の光に反射してできます。

アレンジしよう

虹って一体なにかな？どんな色かな？　晴れた日に霧吹きで水を吹くと虹が見えるよ。やってみよう。

[こたえ] 虹

梅雨

雨で外に出られなくても、室内で楽しめるなぞなぞ。カエルやアジサイなど、梅雨ならではのことばがたくさん！

問題27 [4][5]歳児

[ヒント] ピンクや紫、青などいろいろな色があるよ。

[豆知識] アジサイは土が酸性だと青系、アルカリ性だと赤系、中間だと紫の花を咲かせると言われます。

サイはサイでも梅雨の時期に咲くサイは？

アレンジしよう

なに色のアジサイを見たことがある？みんなで探しに行ってみよう。

[こたえ] アジサイ

問題28 [3]歳児

[ヒント] これが降ると、かさや長靴が必要になるよ。

甘くないのに、甘いと言われる空から降ってくる水は？

4･5歳児なら…

なかなかヒットがでない試合の日の天気は？（雨／打てん）

[こたえ] 雨（あめぇ）

問題29 [4][5]歳児

[ヒント] 濡れないように、身につけなくちゃね。

普段はしまわれているけど、雨が降ると大活躍するものは？

3歳児なら…

雨の日は一緒にお出かけ、晴れの日にはお留守番。これなあに？

[こたえ] 長靴、傘、レインコート など

問題30 [3]歳児

[ヒント] しっぽがなくなり、足がはえて、ピョンピョン跳ぶようになるよ。

オタマジャクシが大きくなるとなんになる？

[豆知識] 雨の前後に鳴くアマガエルは、ヌルヌルとした皮膚の粘膜に弱い毒があるので、触るときは注意しましょう。

4・5歳児なら…

来たばかりなのにすぐいなくなる生き物は？

[こたえ] カエル

問題31 [4][5]歳児

[ヒント] でんでんむしとも呼ばれ、梅雨の時期に現れるよ。

2位なのに、1位だと勘違いしてしまう生き物は？

3歳児なら…

片目をつむって、ウインクしている生き物は？

[こたえ] カタツムリ（勝ったつもり）

問題32 [4][5]歳児

[ヒント] この中へジャンプすると楽しいよね。

まりはまりでも、雨の日にあそぶまりは？

アレンジしよう

雨の日の園庭には、いくつ水たまりができているかな？　一緒に数えてみよう。

[こたえ] 水たまり

プール開き

梅雨が明けて、ようやく夏本番！　暑さをふきとばす、楽しいプールあそびの前後にぴったりのなぞなぞです。

問題 **33** 4 5歳児

ヒント　泳ぎ方のひとつだよ。見たことがあるかな？

豆知識　名前の通り、チョウチョウのような動きのバタフライは、平泳ぎが原型と言われています。バタフライ以降、新しい泳ぎ方は生まれていません。

イカフライ、
エビフライ、
バタフライ。
食べられないのは？

こたえ バタフライ

アレンジしよう

ほかにどんなフライがあるか考えてみよう。（ピッチャーフライ、カキフライなど）

問題 **34** 4 5歳児

ヒント　着替えるときに、周りから見えにくくて便利だよ。

プールからでた後、
くるくる巻いて
てるてるぼうずに
なるよ。
これなあに？

3歳児なら…

お風呂からあがった後に体をふく大きめのタオルは？

こたえ バスタオル

問題 **35** 4 5歳児

ヒント　泳げなくても、これがあると浮いていられるよ。

ウキウキして、
まあるくなったよ。
これなあに？

3歳児なら…

海やプールで活躍する大きなドーナツ、これなあに？

こたえ 浮き輪

問題36 [3]歳児

[ヒント] 左右の足を交互に上げ下げするよ。

足をバタバタさせるけど、早く進むよ。なーんだ？

[こたえ] バタ足

[豆知識] バタ足は、クロールや背泳ぎで行います。足ひれをイメージして、足首をやわらかく、甲で水を蹴ります。

アレンジしよう

ほかにどんな泳ぎ方があるか考えてみよう。（ワニ泳ぎ、犬かきなど）

問題37 [4][5]歳児

[ヒント] 暑い日にかぶるものとは違って、頭の形にぴったり。

アイスについてるのは棒。では、プールに入るとき身につけるのは？

[こたえ] 水泳帽

[豆知識] 水泳帽は、髪の抜け毛でプールの排水溝が詰まりやすくなるのを防ぐためにかぶります。

3歳児なら…

プールに入るときは髪の毛が出ないようにしっかりかぶるよ。これなあに？

問題38 [4][5]歳児

[ヒント] これを着けると、水が目にしみないよ。

ぐるぐるぐるぐるぐるぐるぐる…ぐるが5回。これなあに？

アレンジしよう

4がぐるぐるぐるぐる…とぐるが10回。牛乳で作られているものなーんだ？（ヨーグルト／4×ぐる×10）

[こたえ] ゴーグル（5×ぐる）

七夕

織姫や彦星、天の川など、七夕にまつわるキーワードを集めました。行事の由来を説明するときにもぴったりです。

問題39 [3]歳児

[ヒント] 星がいっぱいの川だよ。

夜空に浮かぶ川はなーんだ？

[こたえ] 天の川

[豆知識] たくさんの星が集まって、帯のように見える天の川。夏に、山や高原などあかりのないところで見られます。

4・5歳児なら…

1年に一度、織姫と彦星が会えるのはなんていう川？

問題40 [4][5]歳児

[ヒント] 棚が倒れるときの音はどんな音？

7月7日になにかが倒れた。なんのこと？

[こたえ] 七夕（棚バタッ）

アレンジしよう

子ども達に七夕の由来を話そう。カササギの橋は、絵や写真で姿を見せるとイメージしやすいよ。

問題41 [3]歳児

[ヒント] はたおりの仕事をしているよ。

七夕に出てくる女の人は、だーれだ？

①かぐや姫
②おやゆび姫
③織姫

[こたえ] ③織姫

4・5歳児なら…

七夕のお話に登場する、彦星と結婚する人はだあれ？

問題 42 [4][5]歳児

[ヒント] 久しぶりに会うことを言うよ。

**カイはカイでも
食べられないよ。
織姫と彦星が
1年に一度会うカイ、
なーんだ？**

アレンジしよう

夏休みに再会する人がいるか子ども達に聞いてみよう。

[こたえ] 再会

問題 43 [3]歳児

[ヒント] 糸を通す穴を開けて、笹に飾るんだ。

**七夕の日に
願いごとを
書く紙を
なんて言う？**

豆知識 中国から伝わった葉に歌を書く昔のならわし。江戸時代ごろから短冊に願いを書いて笹に吊るす日本特有の文化となったそうです。

アレンジしよう

どんなお願いごとをするか、みんなに聞いてみよう。

[こたえ] 短冊

問題 44 [3]歳児

[ヒント] 英語ではスターって言うよ。

**空からキラキラ
輝きながら、
こっちを見てるよ。
だあれ？**

アレンジしよう

黄色の折り紙を星型に切って、黒の模造紙に飾ってみよう。キラキラの夜空ができあがるよ。

[こたえ] 星

夏休み

海やカブトムシ…ことばを聞いただけで、ワクワク胸が高鳴ります。なぞなぞで子ども達の想像力を広げましょう。

問題45 [4][5]歳児

[ヒント] カブトムシやセミが人気かな。

かごを下げて、あみを持って走り回ってるとりは？

アレンジしよう

捕まえたい虫の鳴き声や、見た目をまねしてみよう。

[こたえ] 虫取り

問題46 [3]歳児

[ヒント] 最近は三角形だけじゃなく、いろいろな形があるよ。

三角形の小さなお部屋。キャンプで使うよ、これなあに？

4・5歳児なら…

てん、てん、てん…てんが10個。キャンプに行ったら寝るところ、どーこだ？

[こたえ] テント

問題47 [4][5]歳児

[ヒント] 透き通っていてゆらゆら泳ぐよ。

クラゲ、レンゲ、カラアゲ。海にいるのはどーれだ？

[豆知識] クラゲは主に刺胞動物と呼ばれるイソギンチャクやサンゴの仲間。体を刺されるとしびれたり、腫れたりするので、海で出会ったら要注意！

3歳児なら…

（クラゲの動きをしながら）こんな動きの海にいるものな～んだ？

[こたえ] クラゲ

問題48 [4][5]歳児

ヒント 見るのではなく、聴きながら体操するよ。

夏休みの朝にするのは？
①テレビ体操
②ラジオ体操
③ネット体操

こたえ ②ラジオ体操

アレンジしよう

ラジオ体操ごっこをしよう。自分達で新しく体操を作ってみると楽しいよ。

問題49 [4][5]歳児

ヒント じゃじゅじょの中にあるよ。

[豆知識] カブトムシは目ではなく、においでいろいろなものを見つけます。エサである樹液を探すときも触角をパカッと開いてにおいを感知します。

カブトムシが必ずとまるえきってなにえきかな？

こたえ 樹液

3歳児なら…

パンダがいるのは上野駅、おじいちゃんが育てるのは植木、ではカブトムシが好きなえきは？

問題50 [4][5]歳児

ヒント 2種類の動物の名前が入るよ。

[豆知識] 来るときは早く来てほしいからウマで、帰るときはゆっくり帰ってほしいからウシの乗り物を用意するという風習です。

お盆に、ご先祖様が乗るのはキュウリで作った○○とナスで作った○○。

こたえ ウマとウシ

アレンジしよう

お盆の過ごし方は住む地域によって違うので、その地域の風習をあそびながら伝えよう。

敬老の日

お年寄りの長寿を祝う「敬老の日」。なぞなぞをきっかけに、子ども達と祖父母の話をしてもよいですね。

問題51　[4][5]歳児

ヒント　息がなが～～～～く…。

息をずーっとはき続ける人のことをなんていう？

3歳児なら…

みんなのおじいちゃん、おばあちゃんはいくつ？長～く生きている人のことをなんという？

こたえ　長生き

問題52　[4][5]歳児

ヒント　ありがとうの気持ちだよ。

園の建物は園舎。では、お年寄りの人達にする「しゃ」はなーんだ？

[豆知識]　1966年にお年寄りの長寿を祝う祝日となった「敬老の日」。聖徳太子が身寄りのない老人や病人のための施設「悲田院」をこの日に建てたのが由来とされています。

アレンジしよう

みんなのおじいちゃん、おばあちゃんの話をしながら「敬老の日」の意味を伝えよう。

こたえ　感謝

問題53　[3]歳児

ヒント　お父さんのお母さんも同じように言うよ。

お母さんのお母さんはだあれ？

4・5歳児なら…

おばあちゃんのお母さんは？（ひいおばあちゃん）

こたえ　おばあちゃん

発表会

秋も深まり、発表会にぴったりの季節に。出番を前に緊張気味の子ども達を、なぞなぞでほぐしましょう。

問題 54 **3**歳児 **ヒント** 手のひらにのせて使うよ。

赤と青、2つ合わせてタンタンタン。これなあに？

こたえ カスタネット

> **アレンジ しよう**
> 2人組のペアになって、くっついたり離れたり、手をたたいたり、ごっこあそびしてみよう。

問題 55 **4 5**歳児 **ヒント** ひもでぶら下げて、棒でたたくよ。

三角形がひとつ、棒1本でチーン、これなんだ？

こたえ トライアングル

> **豆知識** 英語では、その形から三角定規もトライアングルと言います。

> **アレンジ しよう**
> 絵描き歌のように、紙や黒板に「△ひとつ、棒1本、チーン！」と描いて見せながら問題を出そう。

問題 56 **4 5**歳児 **ヒント** 太鼓みたいに丸くて、小さなシンバルがたくさんあるよ。

たたくとパンパン、ふればシャンシャン。これなあに？

こたえ タンバリン

> **3歳児なら…**
> タンとたたいたら、割れちゃった。どんな楽器かな？

運動会

ワクワク、ドキドキの運動会。勝って喜んだり、負けて悔しがったり。練習の合間に、ちょこっとなぞなぞ！

問題57 3歳児

ヒント チームの色だったりするよ。

のりでごはんを巻くのはのり巻き。では運動会で頭に巻くのは？

[こたえ] はちまき

[豆知識] はちまきは、天照大御神にお出ましいただく舞いを披露するとき、額に蔦を巻いて踊ったという神話が由来と言われています。

4・5歳児なら…

まき、まき、まき…まきが8つ。これなあに？

問題58 3歳児

ヒント フレー！　がんばれー！

えんはえんでもお金じゃないよ。してもらうとうれしいえんは？

[こたえ] 応援

4・5歳児なら…

円を２つ書いてごらん（○○）。ひとつは英語読み、もうひとつは「円」を日本語読み。つなげて読むと？（オーえん）

問題59 4 5歳児

ヒント イッチニ、イッチニ、のかけ声が大事だよ！

２人なのに、３本足で走るよ。これなあに？

[こたえ] 二人三脚

[豆知識] 2013年に、福岡県で1039人1040脚が50mを完走したギネス世界記録があります。

アレンジしよう

二人三脚をやってみよう。最初はうまくいかなくても、どうしたらいいか話し合うといいよ。

問題60 [4][5]歳児

[ヒント] 残念…でも、次またがんばろうよ。

かいはかいでも、運動会のかけっこでビリになったかいは？

アレンジしよう

ビリになっちゃったときの気持ちをみんなで考えてみよう。

[こたえ] 最下位

問題61 [4][5]歳児

[ヒント] 長くて太いロープを使うよ。

「つ」と「な」を引っ張るものなあに？

[豆知識] 綱引きは、引っ張るタイミングをみんなで合わせるのが大事。だから「オーエス」などのかけ声に合わせると、引っ張りやすくなります。

3歳児なら…

よいしょ、よいしょ、左右に分かれてどっちも引っ張る！　これなあに？

[こたえ] 綱引き（つな引き）

問題62 [4][5]歳児

[ヒント] バトンをひとりずつつないでいくんだ。

らりるれろに隠れている、運動会で盛り上がる競技は？

3歳児なら…

カレーじゃないよ。走って次の人にバトンをパス！　これなあに？

[こたえ] リレー

運動会

問題63 [3]歳児

[ヒント] これがないと、スタートできないよ。

かけっこのときに出てくるドンってなあに？

アレンジしよう

語尾に「ドン」がつくほかのことばでなぞなぞを作ろう。(うどん、親子丼、かつ丼、ロンドンなど)

[こたえ] よーい、ドン

問題64 [3]歳児

[ヒント] 自分のチームのかごに玉を投げ入れるよ。

散らかっている玉をお片付け。たくさん片付けたほうの勝ちってなあに？

4・5歳児なら…

よーい、ドン！で始まって、「ひとーつ、ふたーつ…」と数えて終わるものってなあに？

[こたえ] 玉入れ

問題65 [4] [5]歳児

[ヒント] ひとりでは無理。みんなで力を合わせて。

よいしょ、よいしょ。大きな玉を転がすよ、これなあに？

アレンジしよう

大玉転がしの練習のとき、大岩ごっこや、アリさんとあめ玉ごっこなどに見立てても楽しいよ。

[こたえ] 大玉転がし

問題66 [4][5]歳児

[ヒント] 手を使わないで、パンを食べるんだって！

競走中なのに、食べてもいいよ。これなあに？

3歳児なら…

ぶら下がっているパンをパクリと食べるよ。なんという競争？

[こたえ] パン食い競争

問題67 [5]歳児

[ヒント] 本当は切れていないけど、このテープは切れたって言うよ。

1位になったら、なにかが切れちゃった！なーんだ？

3・4歳児なら…

スタートの合図で、これにむかってまっしぐら。1位をめざして走るよ。なーんだ？

[こたえ] ゴールテープ

問題68 [5]歳児

[ヒント] 「よーい、ドン」でスタートするよ。

小さな子どもはちびっこ、兄弟の一番下は末っ子。では、運動会で走るのはなにっこ？

アレンジしよう

鬼ごっこ、コケコッコー、などの似たことばを探そう。

[こたえ] かけっこ

ハロウィン

仮装をしたり、にぎやかに飾ったりと人気のハロウィン。準備の合間も、なぞなぞで盛り上げましょう。

問題 **69** 5歳児

ヒント 変身したような気持ちになれる！

緑の野菜は
ほうれん草。
手を見て
占うのは手相。
ではハロウィンで
ぞろぞろ歩く
行列は？

豆知識 ハロウィンで仮装するのは、悪霊から身を守るためといわれています。だから、悪霊に仲間と思わせるような仮装が多いのですね。

こたえ 仮装

アレンジしよう
衣装を着なくても、ポーズや動き、しゃべり方を変えてなにかに変身してみよう。

問題 **70** 4 5歳児

ヒント 合いことばは、トリックオアトリート！

豆知識 外国のお祭りが由来とされるハロウィン。秋の収穫を祝い、先祖をお迎えする行事で、日本のお盆の意味も含まれているそうです。

魔女や
おばけがいるのに、
逃げずにお菓子を
もらうよ。
なんの日？

こたえ ハロウィン

3歳児なら…
おばけや魔女に変身したり、お菓子をもらったり。10月最後の楽しい一日なあに？

32

問題71 [4][5]歳児

[ヒント]「ク」と「リ」に気をつけて！

「パクンリプキクリン」クリぬいたら、なにが出てくる？

[こたえ] パンプキン

3歳児なら…

蚊がボチャ！とスープの中に落ちたよ。さて、なに味のスープかな？

問題72 [5]歳児

[ヒント] つい、ちょっかいを出すと、周りの人にこう呼ばれちゃうよ。

ハロウィンの日に現れるラッコって？

[こたえ] いたずらっ子

[豆知識] ハロウィンにいたずらをするのは、悪霊たち。悪霊が悪さをしないようお菓子を配るという説があります。

アレンジしよう

みんなでいたずらを考えちゃおう！ ただし、お友達や先生、ママやパパが笑顔になるものだよ。

問題73 [4][5]歳児

[ヒント] ドラキュラとも呼ばれるよ。

数字の9が隠れている、血を吸う生き物。なーんだ？

[こたえ] 吸血鬼

3歳児なら…

真っ赤な血が大好物。だけど、にんにくが苦手なのはだあれ？

クリスマス

ツリーの飾りつけが始まると、いよいよクリスマス！　プレゼントに悩む子ども達と楽しく過ごしましょう。

問題 74

5 歳児

ヒント 木のてっぺんには星がつくよ。

数字の3は英語でスリー、ひつじの飼い主はメリー。ではクリスマスに飾る木はなあに？

こたえ ツリー

> **豆知識** ツリーには、もみの木などの常緑樹が多く使われます。古くから常緑樹は「永遠の象徴」とされているからです。

> **3・4歳児なら…**
> クリスマスになると登場する、キラキラ、飾られた木はなーんだ？

問題 75

5 歳児

ヒント なん回も声に出したらわかるかも？

クリスマスツリーに飾られた、りんご、ローソク、もみの木の中に隠れている数字は？

こたえ 5と9と3

> **アレンジしよう**
> 野菜の中や、くだものの中、みんなの身近にある物の中に隠れている数字なぞなぞを探そう！

問題 76

4 5 歳児

ヒント すまし顔ってどんな顔？

クリが
すましてるよ。
なんの日かな？

こたえ クリスマス

> **アレンジしよう**
> クリの絵を紙に描いてなぞなぞを出してみよう。文字が書けなくてもことばあそびに発展するよ。

問題77 [4][5]歳児

[ヒント] 白いひげが生えていて、寒い国に住んでいるよ。

年に一度、クリスマスにしか会えないおじいさんはだあれ？

3歳児なら…

プレゼントを持ってやってくる、赤い服のおじいさんはだあれ？

[こたえ] サンタクロース

問題78 [3]歳児

[ヒント] 角があって、そりを引っ張ってくれる動物だよ。

いつもサンタクロースと一緒にいるカイってだあれ？

[豆知識] トナカイは、おすにもめすにも立派な角があります。雪の上でも歩きやすいように大きなひづめもあります。

4・5歳児なら…

クリスマスに活躍するカイって、なあに？

[こたえ] トナカイ

問題79 [3]歳児

[ヒント] 足にはくよ。

プレゼントを入れてもらうために、用意しておくものってなあに？

[豆知識] 昔、サンタクロースが金貨を煙突から投げ込んだときに、そばにあった靴下に入ったことが由来だそうです。

4・5歳児なら…

毎日はいているのに、クリスマスに大活躍するものってなあに？

[こたえ] 靴下

クリスマス

問題80 [4][5]歳児

[ヒント] みんなが一番楽しみにしているものだね。

開けてびっくりしたのは玉手箱。では、開けてうれしいのは？

3歳児なら…

乙姫さまがくれたのは、玉手箱。では、サンタクロースがくれるのは開けてうれしい…？

[こたえ] プレゼント

問題81 [4][5]歳児

[ヒント] 園にはないけど、ここから入るって言われているよ。

開けて真っ白になったのは玉手箱。落ちて真っ黒になるサンタクロースの入口は？

3歳児なら…

あわてんぼうのサンタクロースが落っこちて真っ黒になっちゃった。どこから落ちたのかな？

[こたえ] 煙突

問題82 [4][5]歳児

[ヒント] クリスマスに歌う歌といえば？

公園にあるのはジャングルジム。クリスマスに聞こえてくるのは？

アレンジしよう

『♪ジングルベル』（訳詞／宮澤章二　作曲／J·S·ピアポント）のジングルベルをジャングルジムに替えて歌おう。

[こたえ] ジングルベル

お正月

新年のあいさつをしたら、子ども達とお正月にまつわるなぞなぞを。年末年始の過ごし方を聞いてもいいでしょう。

問題83 [3]歳児

[ヒント] のりを巻いて食べてもおいしいよ。

[豆知識] 年末に、蒸したもち米をついてもちを作ります。もちは、お正月に食べる雑煮や丸もち、鏡もちになります。

うすときねで
ペッタン、ペッタン。
ビヨーンとのびるよ。
どんな食べ物？

4・5歳児なら…

ぼた、あんころ、くさ、わらび…あとにつくのはどんな食べ物かな？

[こたえ] もち

問題84 [4][5]歳児

[ヒント] 小さな袋に入っているよ。

[豆知識] お正月、神様にお供えしていたもちを「一年無事に過ごせますように」と家族で分けていたのが、お年玉の始まりと言われています。

玉を落として
いるのに、
喜ばれる
ものってなーんだ？

3歳児なら…

お正月に、落としちゃダメなのに落としそうな名前の玉ってなあに？

[こたえ] お年玉

問題85 [5]歳児

[ヒント] 木に絡まっちゃうと大変なんだ。

空の上で、
糸が切れると
迷子になっちゃうよ。
なあに？

アレンジしよう

伝統的なお正月あそび（凧あげ、福笑い、すごろく、コマ回し、めんこなど）を子ども達と一緒にしよう。

[こたえ] 凧

お正月

問題 86 [5]歳児

[ヒント] 初めてのことを「初（はつ）」と言うよ。

1月1日に見る、新年初めてのお日さまをなんていう？

[こたえ] 初日の出

アレンジしよう

1月1日に見るお日さまは初日の出、では、次の日1月2日に見る夢は？（初夢）

問題 87 [4][5]歳児

[ヒント] おみくじもあるよ。

相手が見えないのに、おじぎをしたり、手をたたいたりするところはどこ？

[こたえ] 神社、寺

[豆知識] 初詣とは、年が明けて初めて参拝すること。一年間、健康で無事だったことを感謝し、また今年も見守ってくださいと神様に伝えに行きます。

3歳児なら…

おじぎをしたら、お金を入れて、手をパンパン。じ〜っとお祈りしたら、またおじぎをするよ。どーこだ？

問題 88 [3]歳児

[ヒント] まわりの人にぶつからないようにあそぶよ。

くるくるくるくる…お正月に回してあそぶものなーんだ？

[こたえ] こま

アレンジしよう

お正月に、目をかくしてあそぶものってなあに？（福笑い）

問題89 [5]歳児

[ヒント] お重という四角い箱につめられるよ。

いろいろな願いごとがこめられた料理、なーんだ？

アレンジしよう

食べたことがあるおせち料理をあげて、どんな意味がこめられているか話そう。

[こたえ] おせち

問題90 [4][5]歳児

[ヒント] おめでたい竹や松が使われているんだ。

[豆知識] 門松は、お正月に家の入口に立てられる松や竹の飾りのこと。神様が家にやってくる目印とされます。

かどっこで待ってるのは、なあに？

3歳児なら…

「かどで待つ」って手紙が置いてあったよ。だれのしわざかな？

[こたえ] 門松

問題91 [3]歳児

[ヒント] 大吉、中吉、小吉…みんなはなんだった？

足してうれしいのはお菓子。では、引いて喜ぶのはなーんだ？

4・5歳児なら…

おやつの時間は３時、桃太郎に出てくるのはキジ。引いたら楽しい「じ」はなあに？

[こたえ] おみくじ

問題92 [4][5]歳児

[ヒント] 四角い形で布団がかかっているよ。

寒い日に大活躍。
4本足で暖かい。
だーれかな？

アレンジしよう

こたつを知らない子どもが増えているため、絵本などで説明しながら、季節を感じてみよう。

[こたえ] こたつ

問題93 [4][5]歳児

[ヒント] 唐草模様が目印だね。

頭をかまれたら
いいことが
あるのは
どーれだ？

①しゅうまい
②あまい
③ししまい

3歳児なら…

ライオンが踊っているよ。なんのこと？　ヒント：ライオン（獅子）と踊る（舞い）を別のことばで言い換えてみて。

[豆知識] 獅子舞は疫病を退治したり、悪魔を追い払ったりします。縁起のよいものとされているため、正月やお祭りに現れます。

[こたえ] ③ししまい
（獅子舞）

節分

節分ならではの「鬼」や「恵方巻」などのキーワードがたくさん！　豆まきの前になぞなぞでリラックスしましょう。

問題94　[4][5]歳児

[ヒント] 当たったら痛いかも。

**パラッパラッ
パラッパラッ。
雨じゃないよ。
なんの音かわかる？**

3歳児なら…

食べ物だけど、今日だけ特別。鬼に向かってぶつけるものなーんだ？

[こたえ] 豆

問題95　[3]歳児

[ヒント] ○は外～！
福は内～！

[豆知識] 昔、鬼は冬の寒さや災い、病気など悪いことの象徴とされていました。そのため、立春の前日である節分に幸せを願って、豆で鬼を追い払うようになりました。

**豆が
飛んできたら、
逃げ出すのは
だーれだ？**

アレンジしよう

自分の中で、退治したい鬼をあげてみよう。（泣き虫の鬼、おこりんぼの鬼など）

[こたえ] 鬼

問題96　[4][5]歳児

[ヒント] いやなことより、いいことやうれしいことが起きてほしいよね。

**逃げていくのは鬼、
早く入ってきて
ほしいのは
だあれ？**

アレンジしよう

童話『♪まめまき』（えほん唱歌）を歌ってみよう。こたえは歌詞の中に登場するよ。

[こたえ] 福（の神）

節分

問題97 [4][5]歳児

[ヒント] 食べるときはのどにつまらせないように注意して。

[豆知識] 地域によって、年と同じ数だけのところや、年にひとつ足した数を食べる地域もあります。

豆まきの後、豆を食べるよ。なんつぶ食べる？

アレンジしよう

乳幼児は、かたい大豆を食べるとのどにつまらせることも。新聞紙を丸めて豆に見立てて投げても楽しいよ。

[こたえ] 年（年齢）の数

問題98 [5]歳児

[ヒント] おにの文字をとってみるといいね。

鬼を追い出しても食べられるのは？

①おにぎり

②おにんぎょう

③おにかい（お二階）

アレンジしよう

ほかにもおにがつくことばを集めてみよう！（おにやんま、おにく、おにいちゃんなど）

[こたえ] ③おにかい（お二階／貝）

問題99 [4][5]歳児

[ヒント] 今年はどっちを向いて食べようかな？

[豆知識] その年の縁起のよい方角（恵方）を向いて太巻きずしを食べると、一年間病気をしないと言われています。

糸を巻くのは糸巻き、ぐるぐる巻くのは渦巻、節分に食べるのはなに巻？

3歳児なら…

食べてる間はおしゃべりしちゃダメ！節分の日に食べる太巻きなあに？

[こたえ] 恵方巻

バレンタインデー

2月14日はバレンタインデー。チョコレートを渡す子も、食べるだけの子も楽しめます。

問題 100 [4][5]歳児

[ヒント] 食べすぎると鼻血が出るよ。チョコっとずつね。

2月14日と言えばなーんだ？
①梅干し
②カーネーション
③チョコレート

3歳児なら…

溶けないように気をつけて、少しずつ食べるよ。あまーいお菓子、これなあに？

[こたえ] ③チョコレート

問題 101 [4][5]歳児

[ヒント] ため息をつくときは、どんな音がするかな？

ため息を10回ついたよ。どんな形ができるかな？

アレンジしよう

両手でハートの形を作ったり、2人組になって全身でハートの形を作ったり。形そのものを楽しもう。

[こたえ] ハート（はぁ～10〈と〉）

問題 102 [5]歳児

[ヒント] 緊張したり、恥ずかしいときに出てくる気持ちのこと。

大好きな人にチョコを渡すとき、はえてくる木は？

アレンジしよう

ドキドキに似ていることばや、気持ちを表すことばを探してみよう。

[こたえ] どきどき、ドキッ

問題 103

4 5 歳児　**ヒント** ひな人形と一緒に飾るよ。

ボーっとするのはぼんやり、暗い部屋でつくときれいなのは？

こたえ ぼんぼり

豆知識 ぼんぼりは、電気がない時代に、ろうそくの火を紙で覆ってあかりにしたことからできました。

アレンジしよう
『♪うれしいひなまつり』（作詞／サトウハチロー　作曲／河村光陽）の歌につなげよう。

問題 104

5 歳児　**ヒント** 2月ごろから咲くよ。

母の日にあげる花はカーネーション。では、ひなまつりに飾る花はなあに？

こたえ 桃

3・4歳児なら…
ひざの上にのっている花はなあに？

問題 105

4 5 歳児　**ヒント** 3月3日の行事のことだよ。

「ひまな釣り」1文字変えるとなんになる？

こたえ ひなまつり

豆知識 ひなまつりは、女の子が元気に育ちますようにと願うお祭りです。桃の節句ともいいます。

3歳児なら…
鳥の赤ちゃんが好きなお祭りってなあに？

問題 106 [4][5]歳児

[ヒント] ひなまつりの歌を歌ってごらん。

5人ばやしが演奏している楽器はなあに？

アレンジしよう

今ではあまり見なくなった七段飾りのひな人形。写真などで見せて、ほかにどんな人形がいるのか調べてみよう。

[こたえ] 笛と太鼓

問題 107 [5]歳児

[ヒント] 一生懸命ってことは、必死なんだね。

[豆知識] ひなまつりの行事食には、ひしもち・ひなあられ・ちらし寿司・はまぐりのお吸い物などがあります。

ひなまつりの日に、一生懸命食べるもちは？

アレンジしよう

ひしもちの形がどんな形をしているか絵に描いて話そう。また、ひなまつりの食べ物をあげてみるのもいいね。

[こたえ] ひしもち（必死もち）

問題 108 [5]歳児

[ヒント] 小さくて甘くてふわふわなお菓子だよ。

ひなまつりに食べるお菓子で、空から降ってくるものと同じ名前。なーんだ？

3・4歳児なら…

ひな人形の前に置いてある、袋に入ったピンクや白のお菓子はなあに？

[こたえ] ひなあられ

卒園式

卒園児たちをあたたかく送り出すセレモニー。期待に胸いっぱいの子も不安な子も、なぞなぞで園生活を振り返ります。

問題 109

4 5 歳児 ヒント エーン、エーンて泣いてるよ。

みんなの姿を見て、泣いているチョウは？

アレンジしよう

体の動きをことばあそびに発展させよう。わ！と声を出して驚く動きの後、フルフルと全身を揺らす（ワッフル）など。

こたえ 園長先生（エーンチョウ）

問題 110

4 5 歳児 ヒント みんなの目からも出てくるかも。

卒園式でたくさん流れるものは？

豆知識 うれし涙や悲しい涙、腹立たしいときや、悔しいときに流す涙。さまざまな場面で涙が出ますが、実はそのときの感情によって、涙の味は異なるそうです。

アレンジしよう

卒園式でたくさんでてくるものをあげてみよう。（感謝、ありがとう、写真、笑顔など）いろんなこたえがあっていいよ。

こたえ 涙、歌

問題 111 [5]歳児

[ヒント] とびきりの笑顔で言ってあげてね。

朝はおはよう、帰るときはさようなら。卒園式で卒園児にかけることばは？

[こたえ] おめでとう

[豆知識] おめでとうの語源には「芽出た」という意味があるという説も。たくさん成長したねという思いをこめて伝えましょう。

アレンジしよう

ほかに知っているあいさつや、人との関わりで使うことばをあげよう。(いただきます、ありがとう、ごめんなさいなど)

問題 112 [4][5]歳児

[ヒント] いっぱい作れたよね。

卒園式にある荷物は、軽いの反対。どんなかな？

アレンジしよう

みんなで園の思い出を出し合ってみよう。(遠足・運動会・給食・友達とあそぶ、プール・発表会など)

[こたえ] 思い出(重いでー)

問題 113 [4][5]歳児

[ヒント] 小学校を出るときは、卒業式だよ。

入るときは入園式、出るときの式は？

アレンジしよう

卒園を前に、友達や先生に言っておきたいこと、小学校に入ったら挑戦したいことなど発表してみよう。

[こたえ] 卒園式

お誕生会

お祝いムードいっぱいのお誕生会。出しもののひとつとして、主役の子を囲んでなぞなぞをするのも楽しいですね。

問題 114

[3]歳児

[ヒント] ケーキに年と同じ数が立ててあるね。

[豆知識] バースデーケーキにろうそくを立てる習慣は、日本だけではなくアメリカやヨーロッパでも行われているそうです。

誕生日にフーッと消すのはなんの火？

4・5歳児なら…

6（ろく）の間に、うそが隠れているよ。火をつけて使うもの、なーんだ？

[こたえ] ろうそく

問題 115

[4] [5] 歳児

[ヒント] 誕生日を英語で言ってごらん。

バスでお祝いに行ったよ。なんの会かな？

アレンジしよう

誕生日がくると、ひとつ動物が増えるよ。なんの動物？（サイ／才）

[こたえ] お誕生会（バースデー）

問題 116

[4] [5] 歳児

[ヒント] おいしい食べ物がたくさんあることを言うよ。

金魚を飼うのは水そう。では、誕生日の日にたくさん並ぶのは？

アレンジしよう

ほかにも「〇〇そう」となることばを考えてみよう。（競争、体操、合奏など）

[こたえ] ごちそう

Part 2

いつでも
楽しいなぞなぞ
＜問題117〜393＞

毎日の生活にあるものや、身近なことがらなど、
日常のさまざまな場面で役立つなぞなぞ。
子どもたちが楽しみながら、興味・関心をもてる
きっかけになるでしょう。

食べ物

子ども達に身近な食べ物がいっぱいのなぞなぞ。食事中にこたえが出たら、給食やお弁当の会話も弾みます。

問題 117 [4][5]歳児

[ヒント] お弁当のおかずにも人気！

フライパンの上でくるくる。黄色いおふとん、これなーんだ？

アレンジしよう

あつあつのフライパンの上で黄色い目玉がジュー!! これな〜んだ？（めだま焼き）

[こたえ] 卵焼き

問題 118 [3]歳児

[ヒント] 形はリンゴに似ているよ。

くだもの売り場で売り切れのもの、なあに？

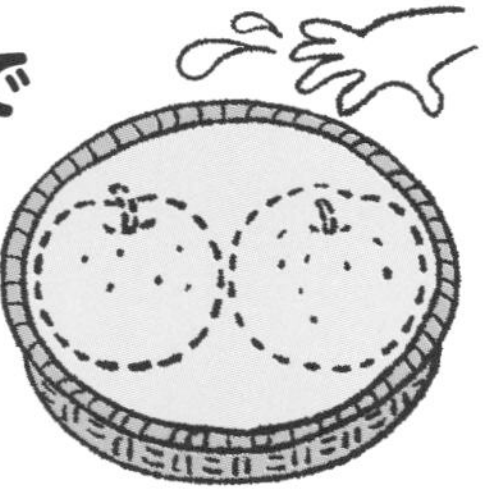

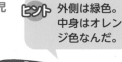

4･5歳児なら…

あるのにないって言われちゃう。なんのくだものかな？

[こたえ] ナシ（なし）

問題 119 [4][5]歳児

[ヒント] 外側は緑色。中身はオレンジ色なんだ。

茶色が入っている野菜は？

①チャーハン

②おもちゃ

③カボチャ

[豆知識] ポルトガル人によって日本に伝わったカボチャ。カンボジアから持ってきたことからそれがなまって、名前がカボチャになったとか。

アレンジしよう

ほかにも名前に色が入っている野菜をあげてみよう。

[こたえ] ③カボチャ

問題 120

3歳児

ヒント 「はぁ〜くさい」って言ってごらん。

くさくないのに
くさいって
言われちゃう。
鍋にぴったりの
野菜は？

4・5歳児なら…

漢字で白という字が入っている、冬の野菜は？

[こたえ] ハクサイ

問題 121

4 5 歳児

ヒント 海の中でゆらゆら揺れているよ。

味噌汁の中で輪のポーズをとっているカメってなーんだ？

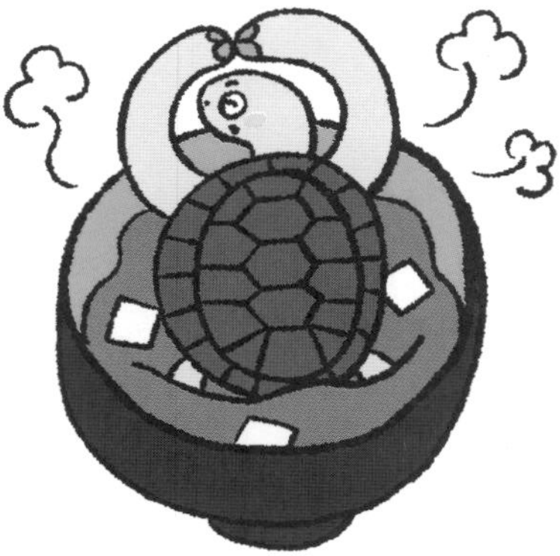

アレンジしよう

海の中にいる魚以外の生き物を探してみよう。

[豆知識] 栄養豊富な海藻のワカメは、縄文時代から食べられていたとか。主な産地は、岩手県や宮城県が有名です。

[こたえ] ワカメ

問題 122 [3]歳児

[ヒント] バターやはちみつをかけて、いただきます！

[豆知識] ホットケーキは、小麦粉、卵、牛乳、バター、砂糖などを混ぜ合わせてフライパンで焼いた食べ物です。

食べると安心するケーキってどんなケーキ？

アレンジしよう

「♪食べると安心、ホッとケーキ」と唱え歌にしてあそんでみよう。

[こたえ] ホットケーキ

問題 123 [3]歳児

[ヒント] 油揚げを使っているよ。

[豆知識] いなりずしは、油揚げを甘く煮て、その中に酢などで味つけをしたごはんを入れた食べ物です。

茶色い袋にごはんがつまっているおすしってなーんだ？

4・5歳児なら…

ごはんの上に具はのっていないけど、おすしの仲間。油揚げに包まれた、これなーんだ？

[こたえ] いなりずし

問題 124 [4][5]歳児

[ヒント] みんなはまだ食べられないかもしれないね。

から、から、から、から。からが４つであれれ…からい！これなーんだ？

3歳児なら…

からいち、からにー、からさん…。さて、からが４つでなあに？

[こたえ] からし

問題 125 [4][5]歳児

[ヒント] たまごやハムをはさむとおいしいよ。

数字の３と１が隠れている、いろんなものをはさんで食べるパンは？

[こたえ] サンドイッチ

[豆知識] 18 世紀にイギリス人のサンドイッチ氏が考えたという食べ物。パンの上に具をのせたものはオープンサンドと言います。

3歳児なら…

さんといちがかくれんぼ。さんといち、さんといっち…なんの食べ物かな？

問題 126 [3]歳児

[ヒント] 小さくて、１つずつ包んであるよ。

空から降ってきそうな名前の、甘い食べ物なーんだ？

[こたえ] あめ

アレンジしよう

あめと雨のように、同じ音で違う意味のことばを探してみよう。（花と鼻、橋と箸など）

問題 127 [4][5]歳児

[ヒント] 丸くて、串に３～４個刺さっているよ。

だん、だん、だん、だん、だん。だんが５つでこれな～んだ？

[こたえ] だんご

3歳児なら…

指で数えながら「だん」を５回言ってみよう。だんいち、だんに、だんさん、だんし…次はなあに？

食べ物

問題 128　[4][5]歳児

ヒント さが10こだね。10をほかの言い方してごらん。

**さささささささささささ
と書いてあるよ。
なーんだ？**

3歳児なら…

アリさんも、みんなも大好きな甘〜いもの。コーヒー、紅茶、料理に入れるよ。なあに？

[こたえ] 砂糖（さ×10）

問題 129　[4][5]歳児

ヒント ケチャップをかけるとおいしいよ。

**イスはイスでも、
黄色いマントで
おめかし。
おいしいイスは？**

[豆知識] 日本で生まれた卵料理。フランス語の omelette（オムレット）と英語の rice（ライス）を組み合わせて名付けられました。

アレンジしよう

好きな卵料理をあげてみよう。オムレツ、卵焼き、ゆで卵…さて人気なのは？

[こたえ] オムライス

問題 130　[3]歳児

ヒント とっても大きくて重たいよ。

**外はしましま、
中は赤くてつぶつぶが
いっぱいの食べ物
なーんだ？**

[豆知識] スイカには種がたくさん入っています。大体1個につき、300 〜 500 粒ぐらいあると言われています。

4・5歳児なら…

月曜日と木曜日の間にいる、夏の食べ物は？

[こたえ] スイカ

問題 131 [3]歳児

ヒント ひざはここ。ではここは？（太ももを指しながら）

ひざの上にあるくだものはなあに？

[こたえ] モモ

[豆知識] モモは春に花が咲き、夏に甘くて水分たっぷりの実がなります。山梨県や長野県などでたくさん作られています。

アレンジしよう

つま先から、くるぶし、すね、おひざ…もも！ と一緒に体の部位を確認しよう。

問題 132 [3]歳児

ヒント ポテトも食べたくなっちゃうな。

パンとハンバーグの３段ベッドをパクリッ！ これなーんだ？

[こたえ] ハンバーガー

アレンジしよう

パンとパンの間にはさみたい好きな食べ物はなあに？ オリジナルハンバーガーを考えよう。

問題 133 [4][5]歳児

ヒント ごはんと一緒に炊いてもおいしいよ。

秋になると会えるよ。いがいがに包まれた木の実、私はだあれ？

[こたえ] クリ

[豆知識] クリは、とげのたくさんついたいがの中にあります。動物が実を食べないように、いがで守っているのです。

アレンジしよう

クリをくり！ などのだじゃれを考えてみよう。

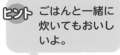

問題 134 [4][5]歳児

[ヒント] かたいからの中に実が入っているよ。

逆立ちするとミルクになっちゃう、木の実はなーんだ？

[こたえ] クルミ

[豆知識] クルミのからはとてもかたく、簡単に割ることができません。クルミ割り器という専用の道具を使ってからを割ります。

アレンジしよう

紙にクルミと大きく書いて問題を出してみよう。ほかのさかさことばを見つけても◎。

問題 135 [3]歳児

[ヒント] 手をたたいてごらん。

手をたたきながら食べるものってなあに？

[こたえ] パン

アレンジしよう

「パン」がつくことばはたくさんあるよ。探してみよう。（パンダ、パンツ、フライパン、パンチなど）

問題 136 [3]歳児

[ヒント] 細長くて、イボがあるよ。

カリカリ、ポリポリ、緑色ののっぽさんってだあれ？

[こたえ] キュウリ

[豆知識] 一年中食べられるキュウリは、95%が水分でできています。暑い夏の水分補給や、ほてった体を冷やす効果があります。

4・5歳児なら…

サラダに入っているよ。食べるとポリポリ音がする野菜ってなあに？

問題 137 [3]歳児

ヒント 赤くて丸い野菜といえば？

つやつや、
まんまる、真っ赤。
逆立ちしても同じ
名前の私は
だれでしょう？

[こたえ] トマト

[豆知識] トマトは、最初は緑色で熟すと赤くなります。生やケチャップ、スパゲッティのソースなど、食べ方はいろいろ！

アレンジしよう

トマトのように、さかさに読んでも同じことばを探してみよう。(こねこ、しんぶんしなど)

問題 138 [4][5]歳児

ヒント 秋になると、これを掘りにいくよ。

外は紫色で
中は黄色。
土の中から
こんにちは
するのは
だあれ？

[こたえ] サツマイモ

[豆知識] 中国から伝わったサツマイモ。昔、鹿児島のことを「薩摩（さつま）」と呼んでいたことから、名前の由来となりました。

3歳児なら…

（焼きいもを持つまねをして）あつあつ、ホックホク。甘くて食べすぎるとおならが出ちゃうのなーんだ？

食べ物

問題 139 [4][5]歳児

[ヒント] オレンジ色が目印だよ！

ジンはジンでも
宇宙人じゃないよ。
ウサギも大好きな
野菜ってなーんだ？

3歳児なら…

ウサギもウマも大好きなオレンジ色の細長い野菜ってなあに？

[こたえ] ニンジン

問題 140 [3]歳児

[ヒント] おにぎりの中身でおなじみだね。

[豆知識] 梅ぼしは、梅の実を塩漬けにしたものです。とてもすっぱいですが、栄養たっぷりの食べ物です。

七夕は彦星、
歌はきらきら星、
では、すっぱい
ほしは？

アレンジしよう

すっぱいものを食べたときってどうなるかな？　顔で表現してみると楽しいよ。

[こたえ] 梅ぼし

問題 141 [4][5]歳児

[ヒント] ごはんとセットになっているよ。

[豆知識] カレーはもともとインドの料理です。香辛料という香りやからさのある粉（スパイス）をたくさん使います。

イスはイスでも、
からくて
子ども達に
人気があるイスは？

アレンジしよう

ほかにもいろいろな「イス」があるよ！（アイス、オムライス、ハヤシライスなど）

[こたえ] カレーライス

問題 142 [4] [5] 歳児

[ヒント] ごはんに天ぷらがのっているんだ。

空からドン！ って落ちてきたよ。これなんの食べ物？

アレンジしよう

ほかにも「ドン＝丼」の問題を出してみよう。例：ギューッとしたらドン！と出てきたのは？（牛丼）

[こたえ] 天丼

問題 143 [3] 歳児

[ヒント] 甘いソースがかかっているよ。

食べるとプルプル揺れちゃうデザートなーんだ？

[豆知識] プリンは卵と牛乳などを混ぜ、蒸し焼きにして作ります。カラメルソースは砂糖と水を煮て少し焦がしたものです。

4・5歳児なら…

（体をプルンプルンと揺らして見せながら）食べるとこんな風に揺れるデザートなあに？

[こたえ] プリン

問題 144 [4] [5] 歳児

[ヒント] 鶏肉と卵がごはんの上にのっているよ。

お母さんと子どもがドン！と落ちてきたよ。なんの食べ物かな？

アレンジしよう

カツ丼、玉子丼、海鮮丼。ほかにどんな丼があったら食べてみたいかな？

[こたえ] 親子丼

動物園で人気の動物や園庭で見つけられる虫などを集めました。名前にピン！ときたら図鑑や本で調べましょう。

問題 145 [4] [5] 歳児

[ヒント] 獲物を見つけたら、低い姿勢と大きな口でガブリ！

輪が2つあるよ。だれがいるのかな？

[豆知識] 大きい口で強力な噛む力を持つワニ。水辺でひっそり待ち構えながら、時速50キロもの速さで獲物をとらえます。

3歳児なら…

庭がひっくり返ったら、なにになる？

[こたえ] ワニ

問題 146 [3] 歳児

[ヒント] 水辺が大好き。大きな動物だよ。

逆立ちするとバカになっちゃう。大きな口の、これだーれだ？

4・5歳児なら…

かばんの中に隠れている動物はだれかな？

[こたえ] カバ

問題 147 [4][5]歳児

[ヒント] 体の模様が特徴的だよ。

[豆知識] ひょう（雹）は、発達した積乱雲の中でできる直径５ミリ以上の氷の粒。初夏や10 月頃に降ることが多いです。

空から氷の粒と一緒に動物が降ってきたよ。だれかな？

3歳児なら…

冷たいものを急に触ったとき、思わず言っちゃうことばは？

[こたえ] ヒョウ

問題 148 [3]歳児

[ヒント] 銀色も隠れているよ。

名前の中にペンが隠れているよ。よちよち歩きの鳥の仲間、なーんだ？

4・5歳児なら…

筆箱の中にいる、飛べないけど泳げる鳥ってだーれだ？

[こたえ] ペンギン

問題 149 [3]歳児

[ヒント] そんなに強く怒らないでよ。

[豆知識] コアラは、ユーカリの葉が大好物。ただし栄養価が低く、そのためか14 時間以上寝てばかりの生活をしています。

いつも怒られてる動物は？

4・5歳児なら…

ユーカリの木の上でお母さんにおんぶされている動物だーれだ？

[こたえ] コアラ（こらー）

動物・生き物

問題 150 ③歳児

[ヒント] 歌の歌詞がヒントだよ。

迷子のこねこちゃんを助けようとするおまわりさん、だあれ？

[こたえ] イヌ

> **アレンジしよう**
>
> 「♪犬のおまわりさん」（作詞／佐藤義美　作曲／大中恩）を歌って、みんなで答え合わせしよう。

問題 151 ④⑤歳児

[ヒント] ニャーって鳴くよ。

ひなたでゴロゴロ、暗闇で目がキラリ。どんな動物かな？

[こたえ] ネコ

[豆知識] ネコは、目の中に「タペタム」という反射板があるので夜光って見えます。その反射板のおかげで、夜でもよく目が見えるのです。

> **3歳児なら…**
>
> ネコの鳴き声や動きをまねして、ネコちゃんごっこをしよう。

問題 152 ③歳児

[ヒント] 耳と長いしっぽが特徴的。

ネコに追いかけられてるよ。チューッと鳴く小さな動物は？

[こたえ] ネズミ

> **アレンジしよう**
>
> 絵本などを使って干支の話をした後に、登場する12種類の動物のなぞなぞを出すと盛り上がる！

問題 153 [4][5]歳児

[ヒント] ウッホウッホと胸をたたくよ。

数字の5が隠れている動物は？

アレンジしよう

リラ、リラ、リラ、リラ、リラ。リラが5回。だーれだ？

[こたえ] ゴリラ（5リラ）

問題 154 [3]歳児

[ヒント] おならはどんな音がする？

おならがよく出てそうな魚は？

[豆知識] ブリは、成長するにしたがって名前が変わる出世魚。脳の活性化に働くDHAが豊富に含まれ、脂ののった冬が旬です。

アレンジしよう

ブリのつくことばを探してみよう。（ゴキブリ、どんぶり、どしゃ降りなど）

[こたえ] ブリ

問題 155 [4][5]歳児

[ヒント] 氷が大好きな白い動物だよ。

数字のロクが間にいる動物は？

3歳児なら…

白いものが大好きなクマはだあれ？

[こたえ] シロクマ

問題156 [5]歳児

[ヒント] モーッと鳴くよ。

この動物が２頭いると、ギュウギュウに混んじゃう。だーれだ？

アレンジしよう

ウシが隠れていることばを見つけてごらん。（帽子、後ろ、宇宙飛行士など）

[こたえ] ウシ

問題157 [3]歳児

[ヒント] 目が丸くて大きいよ。

[豆知識] フクロウは夜行性なので、昼間は寝ていて、夜に狩りをします。大きくてよく見える目で獲物を見つけます。

袋の中に、いろいろなものを入れるという鳥は？

アレンジしよう

フクロウのように夜起きている生き物は、ほかにもいるかな？（コウモリ）

[こたえ] フクロウ

問題158 [4][5]歳児

[ヒント] くちばしが黄色くて、よく池にいるよ。

ボーッとしていて、気がついたら昼になってしまう鳥は？

3歳児なら…

「あ、昼だ！」と気がつく鳥はだあれ？

[こたえ] アヒル（あ、ヒル？）

問題 **159** 4 5 歳児 ヒント 背中にかたい甲羅を背負ってるよ。

ガムの食べ方を教えてあげましょう。だーれだ？

3歳児なら…

ごはんはよく噛め！と教えてくれるのはだあれ？

こたえ カメ

問題 **160** 4 5 歳児 ヒント 耳が長いよ。

[豆知識] ウサギの長い耳は、いろいろな方向に動くので、小さな音でもよく聞こえます。

月で、もちつきしていると言われる私はだれでしょう？

3歳児なら…

ピョンピョン跳ねる、長い耳の私はだあれ？

こたえ ウサギ

問題 **161** 4 5 歳児 ヒント ブーブーと鳴くよ。

たたいちゃだめよ。鼻が自慢の私はだあれ？

3歳児なら…

ブーブー！ ぺちゃんこな鼻に、くるくるのしっぽ。だあれ？

こたえ ブタ

問題 162 [4][5]歳児

ヒント くちばしと足が長いよ。

[豆知識] ツルは、翼を広げると1～2mくらいになる大きな鳥です。北海道にはタンチョウというツルがいます。

ラーメンやうどんなど、麺を食べるときの音がする鳥は？

3歳児なら…

うどんやそばをつるつる上手に食べる鳥はだあれ？

[こたえ] ツル

問題 163 [4][5]歳児

ヒント ジャンプも得意だよ。

[豆知識] イルカは海の中で群れで暮らしています。頭がよく、難しい芸も覚えるので水族館でも人気者です。

いるのかいないのかよく聞かれる、私はだれでしょう？

3歳児なら…

「いるか？」と聞かれてしまいます。私はだあれ？

[こたえ] イルカ

問題 164 [3]歳児

ヒント 体が細くてうろこがあるんだ。

かげが好きで、しっぽを切ってもはえてくる生き物なーんだ？

アレンジしよう

トカゲは本当にかげにひそんでいるよ。石の下や壁のかげを探してみよう。

[こたえ] トカゲ

問題 165 [4][5]歳児

[ヒント] 生まれたときはピンク色。大きくなると白と黒。

[豆知識] パンダは中国の山奥に住んでいる数が少ない動物です。笹や竹の枝が大好きで、1日に15～20キロも食べます。

ごはんや麺でなく、いつもパンを選ぶ私はだあれ？

3歳児なら…

朝ごはんどうする？と聞かれて、パンを選ぶよ。だーれだ？

[こたえ] パンダ（パンだ）

問題 166 [3]歳児

[ヒント] 停まっているときはさかさまになっているよ。

[豆知識] コウモリは、昼間は寝ていて夜飛び回ります。鳥のように飛ぶことができますが、鳥の仲間ではありません。

森は森でも、暗闇を飛び回っているもりって、なーんだ？

アレンジしよう

ほかにも、名前にもりがつく生き物をあげてみよう。（ヤモリ、イモリなど）

[こたえ] コウモリ

問題 167 [4][5]歳児

[ヒント] 土の中にいて、細長いよ。

苦しそうに、水をほしがっている生き物ってなーんだ？

アレンジしよう

ミミズやヘビやウナギなど、ニョロニョロした生き物をイメージしよう。さあ、みんなで変身だ！

[こたえ] ミミズ（み、みず）

問題 168 [4][5]歳児

[ヒント] 長〜い鼻、大きい足でのしのし歩くよ。

冷蔵庫に隠れている、大きな動物はだーれだ？

[豆知識] ゾウの鼻は、においをかぐ、エサなどをつかむ、水を吸って口に入れる、砂を体にかけるなどに使います。

アレンジしよう

3歳児には、れい「ぞう」こ、とぞうの部分をゆっくりと強調しながら問題を出そう。

[こたえ] ゾウ

問題 169 [4][5]歳児

[ヒント] 体が平たくて、顔がかわいいよ。

[豆知識] エイは、平らに広がった体をしていて、細長い尾があるのが特徴です。ひらひらと羽ばたくように泳ぎます。

いつも気合いを入れている魚はだーれ？

3歳児なら…

「エイ！ エイ！ オー！」といつも言っている魚はだあれ？

[こたえ] エイ

問題 170 [4][5]歳児

ヒント ボールを打つのはだれかな？

野球をするときに必ずいる虫はだーれだ？

3歳児なら…

ぴょーんと跳ねるよ。野球のバッターになりたい虫ってだあれ？

こたえ バッタ

問題 171 [4][5]歳児

ヒント ひらひら飛んで、花の蜜が大好き。

エッヘン！私は町で一番えらいのだ。なんの虫かな？

[豆知識] チョウチョウは昼間飛び、羽を閉じてとまります。ガも形は似ていますが、夜飛び回り、羽を開いたままとまります。

3歳児なら…

町で一番えらい町長さんが好きな虫って、なーんだ？

こたえ チョウチョウ

問題 172 [4][5]歳児

ヒント びっくりすると丸くなっちゃうよ。

植木鉢の下に住んでいて、おいしい名前の虫はだあれ？

[豆知識] ダンゴムシは、植木鉢や石の下など、じめじめしたところによくいます。丸くなるのは敵から身を守るためです。

3歳児なら…

触ると、おだんごみたいに丸くなる虫って、なーんだ？

こたえ ダンゴムシ

動物・生き物

問題 173 [4][5]歳児

ヒント「♪ほー、ほー…」っていう歌があるよ。

甘〜い水が大好きな、空飛ぶ電球ってなあに？

3歳児なら…

たるのそばで、ホッとひと休みしている虫はだあれ？

[こたえ] ホタル

問題 174 [3]歳児

ヒント 体には迷路のような模様があるよ。

[豆知識] キリンは陸上の動物の中で、一番背が高い動物です。野生のキリンの場合、睡眠時間はなんと20分程度だとか！

長〜い首、長〜い足ののっぽさんて、だあれ？

4・5歳児なら…

鼻が長いのはゾウ、では首が長いのは？

[こたえ] キリン

問題 175 [3]歳児

ヒント 朝早くに鳴くよ。

ひよこのお母さんってだーれだ？

4・5歳児なら…

空は飛べないんだ。庭にいて、コケコッコーと鳴く鳥なーんだ？

[こたえ] ニワトリ

問題 176　[3]歳児

[ヒント] 黒っぽくて、
丸くてしっぽがあるよ。

**スイスイ泳ぐよ。
そんな私は
カエルの子。
だーれかな？**

4・5歳児なら…

最初はスイスイ。あれ？　だんだん足が生えてきた…なあに？

[こたえ] オタマジャクシ

問題 177　[4][5]歳児

[ヒント] 2つあるハサミに注目！

[豆知識] カニの足は体の横についていて、関節が横にしか動きません。だからカニは横に歩くのです。

**海でじゃんけん、
チョキは
だあれ？**

アレンジしよう

森でじゃんけん。
チョキはだあれ？
（クワガタ）

[こたえ] カニ

問題 178　[4][5]歳児

[ヒント] お星さまみたいな形だよ。

[豆知識] ヒトデは、切れてもまたはえてきて、もとの形になります。脳や心臓、血管などはありません。

**海で
じゃんけん、
パーは
だあれ？**

3歳児なら…

空じゃなくて、海の中にいるお星さま、だーれだ？

[こたえ] ヒトデ

乗り物

「乗ったことある！」「知ってる！」と大盛り上がりの乗り物なぞなぞ。好きな乗り物は出てくるかな？　挑戦してみましょう。

問題 179

3歳児

ヒント 自転車みたいにタイヤが2つだよ。

バイバイバイ
バイバイバイ…
バイが9回。
この乗り物なーんだ？

こたえ バイク

アレンジ しよう
トラが9匹乗っているよ。なんの乗り物？（トラック）

問題 180

4 5歳児

ヒント 子どもも大人も乗っているよ。

足を曲げたり伸ばしたり。
歩いてないのに、
前に進む乗り物って
なーんだ？

こたえ 自転車

3歳児なら…
チリンチリン、子どもも運転できる車はなあに？

問題 181

4 5歳児

ヒント これがないと動かないよ。

ジンはジンでも、
自動車やバイクの
中にいるのは、
なにジンかな？

こたえ エンジン

アレンジ しよう
ほかに「ジン」がつくことばを探してみよう。（ニンジン、宇宙人など）

問題 182 [3]歳児

[ヒント] 2本のレールが続く線路の上を走るよ。

**ガタンゴトン、
駅から駅へ
走ります。
これなーんだ？**

アレンジしよう

電車ごっこやじゃんけん列車など、電車あそびしよう。

[こたえ] 電車

問題 183 [4][5]歳児

[ヒント] 飛びながら停まることもできるんだ。

[豆知識] ヘリコプターは、ローターという回転翼を回して飛びます。ゆっくり飛んだり、空中で停まったりもできます。

**パタパタパタ…
頭に大きな扇風機。
空を飛べるよ、
なーんだ？**

アレンジしよう

両手を横に伸ばしてぐるぐると回そう。ヘリコプターになった気分だね。

[こたえ] ヘリコプター

問題 184 [4][5]歳児

[ヒント] 乗る人は宇宙飛行士と呼ばれるんだ。

**スリー、ツー、ワン、
ゼロ、ゴォー！
宇宙までひとっ飛び、
これなーんだ？**

3歳児なら…

飛行機よりも、もっと高く飛んでいく乗り物ってなあに？

[こたえ] ロケット

乗り物

問題 185 [3]歳児

ヒント タイヤが4個、みんなのお家にもあるかな。

横断歩道を渡るとき、気をつけるもの、なーんだ？

アレンジしよう
クルミを一文字変えると乗り物になるよ。なーんだ？（くるま）

[こたえ] 自動車（車）

問題 186 [4][5]歳児

ヒント とっても速い電車だよ。

[豆知識] 現在一番速いとされる新幹線は、東北・秋田を走る「はやぶさ」「こまち」です。最高速度は 320km/h です。

はやぶさ、ひかり、つばめ、こだま…。ステキな名前の乗り物なあに？

アレンジしよう
新幹線にはほかにもステキな名前がたくさんあるよ。どんな名前があるかあげてみよう。

[こたえ] 新幹線

問題 187 [4][5]歳児

ヒント 出しすぎは事故の元！

車が、細い道やカーブでなにか落としたよ。なーんだ？

3歳児なら…
速すぎても、遅すぎてもダメ。運転するとき気をつけるのは？

[こたえ] スピード

問題 188 [4] [5] 歳児

[ヒント] 停留所から乗るよ。

タバスコの中に隠れている乗り物、なーんだ？

3歳児なら…
降りるときは、ボタンを押して知らせるよ。なんの乗り物かな？

[こたえ] バス

問題 189 [4] [5] 歳児

[ヒント] ケガや病気の人を病院に運ぶよ。

あとひとつ足したら100になる車って、なあに？

3歳児なら…
「ピーポー、ピーポー」と大きな音を出しながら走る車ってな〜んだ？

[こたえ] 救急車（99車）

問題 190 [4] [5] 歳児

[ヒント] 1本の線路の上を走るよ。

待たないですぐに乗れる乗り物は？

[豆知識] 日本初の旅客用モノレールは、1964年に浜松町〜羽田空港間で開業。普通の電車と異なり、1本のレールの上を走ります。

アレンジしよう
だじゃれの問題を考えてみよう。

[こたえ] モノレール（もう乗れる）

乗り物

問題 191 [4][5]歳児

ヒント なにも考えていないときって、どうなってる？

なにも考えずに水の上に浮かぶ乗り物は？

3歳児なら…

水の上にプカプカ。ぼ〜っとしながら乗るのがぴったりな乗り物は？

こたえ ボート（ぼ〜っと）

問題 192 [4][5]歳児

ヒント 本物を見たことある人いるのかな？

空飛ぶ円盤、これなーんだ？

アレンジしよう

UFOを見つけたときの顔の表情はどんなかな？ 想像してやってみよう。

こたえ UFO

問題 193 [4][5]歳児

ヒント 木や竹などを並べて浮かべる舟のことだよ。

誰かがこれに乗って海を渡っているぞ！タコか？イカか？

アレンジしよう

言い方が重要だよ！ことばのテンポにのせて言ってみよう。

こたえ いかだ（イカだ）

体

自分達の体をよーく観察して、こたえを探しましょう。名前やその働きに、興味をもつ子どもが増えそうです。

問題 194 [3] 歳児

[ヒント] 丈夫にするためには、カルシウムをとろう。

[豆知識] 人間の体には骨が 206 本あります。骨は内臓を守ったり、筋肉と協力して運動をしたりする働きがあります。

折れたり、
ひびがはいったり
してしまうことも
あるよ。
なーんだ？

アレンジしよう

自分の体を触って、骨の位置や大きさを確かめてみよう。

[こたえ] 骨

問題 195 [4] [5] 歳児

[ヒント] どれも大事な内臓だゾウ。

ぞうはぞうでも
体の中にある
ぞうは？

3歳児なら…

胸にあるドキドキ動くゾウはなあに？

[こたえ] 心臓、肝臓、腎臓など

問題 196 [4] [5] 歳児

[ヒント] 人間の体にはこれが 600 以上もあるんだって。

肉は肉でも
体を動かすために
使う肉は？

3歳児なら…

（力こぶを見せながら）みんなの体を支えているお肉はなーんだ？

[こたえ] 筋肉

体

問題 197　④⑤歳児

[ヒント] かかとの上あたりにあるよ。

足首の近くにあるけんは？

アレンジしよう

最後に「けん」がつくことばを探してみよう。（危険、埼玉県、番犬など）

[こたえ] アキレス腱

問題 198　③歳児

[ヒント] のびたら切ろうね。

手や足の先にめがはえてきたよ。なーんだ？

[豆知識] つめは色や形で健康状態がわかるといいます。また、プロ野球の投手はつめと指でボールをコントロールするので、ケアを欠かしません。

アレンジしよう

つめはつめでも、かたくて食べ物が入っているつめはなーんだ？（缶づめ）

[こたえ] つめ

問題 199　③歳児

[ヒント] 乾燥しているときはリップをぬるよ。

話したり、食べたりするときに使うビルってなあに？

4・5歳児なら…

ビルはビルでも、顔の中にあって、よく動くビルはなーんだ？

[こたえ] くちびる

問題 200　③歳児

[ヒント] 目を開けたり閉じたりするときに使うよ。

目の近くにいる２匹のブタはなーんだ？

4・5歳児なら…

ブタはブタでも、目の上にいるブタはなに？

[こたえ] まぶた

問題 201　③歳児

[ヒント] 形を整えている人もいるんだって。

[豆知識] まゆげは、ひたいから流れ落ちる汗が目に入らないようにする役割があります。

目の上にゆげが出ているよ。ゲジゲジしている、これはなあに？

アレンジしよう

ほかの体の毛も探してみよう。どんな役割があるか考えてみるのも楽しいね。

[こたえ] まゆげ

問題 202　④⑤歳児

[ヒント] 納得したときに出ることばだね。

よーく感心している顔の部分はどーこだ？

3歳児なら…

みんなの顔に２つある、丸くてやわらかいおもちみたいな部分はどこ？

[こたえ] ほお、ほほ（ほほ〜）

植物

園庭や散歩の途中など、身近にある植物のなぞなぞです。知っている名前が出ると、より親しみを感じられますね。

問題 203 [4][5]歳児

ヒント 手をたたいたときの音はどんな音？

手をたたいてからじーっとながめる花は？

3歳児なら…

食べられないのにパンがつくよ。どんな花かな？

[こたえ] パンジー

問題 204 [4][5]歳児

ヒント シクシクとラーメンを組み合わせてみよう。

シクシク泣きながらラーメンを食べているよ。なんという花？

アレンジしよう

「シクシク」＋「ラーメン」の絵を描いてみせてもおもしろいね。

[こたえ] シクラメン

問題 205 [3]歳児

ヒント 園庭やお散歩の途中で見られるよ。

「咲いた～♪咲いた～♪」春になると咲く赤・白・黄色の花はなあに？

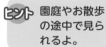

[豆知識] チューリップは11月ごろ、土の中に球根を植えます。土の中で根や葉が育ち、4月ごろ暖かくなると花が咲きます。

4・5歳児なら…

乾燥しちゃったくちびるにぬる「リップ」が隠れている花は？

[こたえ] チューリップ

問題206 [4][5]歳児

[ヒント] 勝ち負けのことをなんという？

いつも戦う気満々なんだって。どんな花かな？

3歳児なら…

「勝負！　勝負！」と勝負を挑んでいる花はなあに？

[こたえ] ハナショウブ

問題207 [4][5]歳児

[ヒント] 「♪お池にはまってさあ大変」はなんの歌？

[豆知識] ドングリはコナラやクヌギなどの木の実のことです。からはかたく、中に種が入っています。

コロコロ落ちて、くりくりしている木の実は？

3歳児なら…

秋にたくさん拾える、帽子をかぶった木の実はなあに？

[こたえ] ドングリ

問題208 [3]歳児

[ヒント] 普通は３枚だけど、４枚のもあるんだ！

[豆知識] クローバーは「シロツメクサ」ともいい、白い花が咲きます。茎が細長いので、花冠や首飾りが作れます。

小さな葉っぱが３枚。苦労してるんだって。どんな草？

4・5歳児なら…

葉っぱが４枚、見つけると幸せになれる草ってなあに？

[こたえ] クローバー

問題 209 [3]歳児

[ヒント] 花は黄色で、そのあと白い綿毛になるよ。

風に吹かれるとふわふわがいっぱい飛んでいく花は？

[こたえ] タンポポ

[豆知識] タンポポの花は、昼間は開いていて夕方に閉じます。花が終わると、種は綿毛になり、飛んでいきます。

アレンジしよう

ほかにも種や花粉を運ぶための工夫をしている植物を探してみよう。（レンゲ、オナモミなど）

問題 210 [3]歳児

[ヒント] 花の形が鈴によく似ているよ。

リンリンと音がなりそうな花って、なあに？

[こたえ] スズラン

[豆知識] 昔から香水の材料に使われるほどのよい香りが特長。愛らしい花の形が「小さな鈴」「聖母の涙」と呼ばれることも。

4・5歳児なら…

白くてかわいい花から、鈴の音が聞こえてきたよ。なんの花？

問題 211 [4][5]歳児

[ヒント] 口を使って話すよね。では耳を使ってどうする？

自分で話をするより、してもらうほうが好きな花ってなーんだ？

[こたえ] キク

3歳児なら…

話をするよりは、話を「聞く」ほうが好きな花ってなあに？

問題212 [4][5]歳児

ヒント つるが特長の、夏に咲く花だよ。

朝になると吠えている花は？

アレンジしよう

身近に咲いているアサガオで色水あそびをしてみよう。

[こたえ] アサガオ

問題213 [4][5]歳児

ヒント さぼっちゃってるんだね。

働かないで休んでいる植物は？

[豆知識] サボテンのトゲは、動物から食べられるのを防ぐだけでなく、温度調整や水の吸収に役立つ働きがあります。きちんと育てれば100年以上長生きするものも！

3歳児なら…

トゲトゲに気をつけて！お水をあまりあげなくても大丈夫な植物は？

[こたえ] サボテン

問題214 [4][5]歳児

ヒント 松ボックリができる木だよ。

集合場所で、じーっとまっている木は？

アレンジしよう

マツがつくことばをあげてみよう。名字につく人もいるかな？（まつ毛、コマツナ、マツタケなど）

[こたえ] 松

問題215 [4][5]歳児

ヒント おいしいときに出ちゃうことばは？

おいしいおいしいと言っている花は？

3歳児なら…

この花を見ると、思わず「うめーっ」と言っちゃうよ。なんの花かな？

[こたえ] 梅

問題216 [4][5]歳児

ヒント バラバラっていう意味だよ。

あちこちに咲いている花はなーんだ？

[豆知識] 世界中で咲き誇るバラは、色や形、大きさなど、毎年新しい品種が発表されています。日本では５月が見ごろとされ、全国各地でバラ祭りなどが開かれます。

3歳児なら…

触るとチックン！注射じゃないよ。なんの花かな？

[こたえ] バラ

問題217 [4][5]歳児

ヒント 小さくてかわいらしい紫色の花だよ。

すみっこに咲いている花は？

アレンジしよう

すみっこに咲いている花ってどんなかな？考えてみよう。

[こたえ] スミレ

問題 218

[4] [5] 歳児

[ヒント] 洋服についている、丸いものを見てごらん。

洋服でも活躍する花ってなあに？

3歳児なら…

洋服を着るときや脱ぐときにつけたりはずしたりするものなあに？

[こたえ] ボタン

問題 219

[4] [5] 歳児

[ヒント] すぐに冷やしましょう！

冷やしてあげないといけない花は？

3歳児なら…

熱はないけど、冷やしてあげよう。なんの花かな？

[こたえ] ヒヤシンス

問題 220

[4] [5] 歳児

[ヒント] ぎんなんの実がなる木だよ。

木なのに内臓があるよ。だーれだ？

アレンジしよう

体にある内臓の話をしよう。胃、腸、心臓など大切な働きをしてくれているよ。

[こたえ] イチョウ

職業いろいろ

「将来なりたい職業はあるかな？」と問いかけながら楽しみましょう。朝、見かけたあの人も登場する!?

問題221 [4][5]歳児

[ヒント] 患者さんのお世話をしてくれるよ。

缶を5つ抱えて、病院で働く人はだーれだ？

アレンジしよう

病院で働く人は、どんな職業の人がいるかな？（医師、薬剤師、事務、清掃員など）

[こたえ] 看護師

問題222 [5]歳児

[ヒント] 売らないってことかー。

なにも売ろうとしない職業は？

[豆知識] 占いは、手相やタロットカードなどさまざまな方法で、その人の今後の運勢や気持ちなどを予言したり判断したりすることをいいます。

アレンジしよう

みんなで占いごっこをしてみよう。占いで聞いてみたいことを考えるのも楽しいよ。

[こたえ] 占い師

問題223 [4][5]歳児

[ヒント] 人気の職業だね。

パイはパイでも飛行機を運転するパイってなあに?

アレンジしよう

乗り物によって、運転する人の呼び方が変わるよ。(運転手、操縦士、飛行士など)

[こたえ] パイロット

問題 224　❹❺歳児　ヒント 敬礼！のポーズが似合うよ。

「お」を
回っている人は
だあれ？

アレンジしよう

ほかにも回っているものを見つけよう。(ヒマワリ、見回り、コマ割りなど)

こたえ 警察官（おまわりさん）

問題 225　❹❺歳児　ヒント 小さいの別の言い方わかるかな？

小さい帽子を
かぶっている
人って、だあれ？

豆知識 油などが燃えた火災では水を使うと、炎が広がる可能性があり危険です。そのため、消防士が消火活動を行うときは、泡消火剤を使います。

3歳児なら…

ウー、カンカンカン！赤い車に乗って火事の現場に向かうよ。だーれだ？

こたえ 消防士（小帽子）

問題 226　❹❺歳児　ヒント 負けた人のことを言い換えてみて。

いつも
負けてばかりの
人の職業は？

3歳児なら…

はい！と元気に答えてくれるお医者さんはだあれ？

こたえ 歯医者（敗者）

職業いろいろ

問題227 [4][5]歳児

[ヒント] 日本代表はサムライブルーって呼ばれているね。

荷物を入れるのは
ロッカー。
道路を掘るのは
シャベルカー。
ではボールを蹴る選手は？

アレンジしよう

ほかにも「○○カー」がつくことばを見つけよう。(アタッカー、クラッカーなど)

[こたえ] サッカー選手

問題228 [3]歳児

[ヒント] パティシエとも呼ぶよ。

掃除するならほうき。
コップなどは容器。
甘いものを
売っているお店は？

アレンジしよう

好きなケーキはどんなケーキ？　絵に描いたり、食べたときの味を発表したりしてみよう。

[こたえ] ケーキ屋さん

問題229 [4][5]歳児

[ヒント] 日本で作られたものを国産と言うんだ。

日本で作られた
ものが大好き。
なんの職業かな？

3歳児なら…

ごはんを作るのが仕事だよ。和食、洋食、中華。どんな職業かな？

[こたえ] コックさん

問題230 [5]歳児

ヒント 英語でごめんなさいは、アイムソーリーというよ。

[豆知識]（内閣）総理大臣とは、国会議員の中から選ばれる国の最高責任者。首相とも呼ばれ、国会の指名により天皇が任命します。

謝ってばかりいる大臣は？

アレンジしよう

知っている英語はあるかな？　聞いたことがある英語を言ってみよう。

[こたえ] 総理大臣

問題231 [4][5]歳児

ヒント ぼうが３本、ぼうがさん、ぼう…さん…。

「ぼう」が３本並んでるよ。だれのこと？

アレンジしよう

「ぼう」が４本なら帽子、「ぼう」が５本ならごぼうになるよ。

[こたえ] お坊さん

問題232 [3]歳児

ヒント みんな、会ったことがある人だよ。

おなかの音を聞いたり、口の中を見たり、ときには腕に針を刺す人だあれ？

4・5歳児なら…

（石を見せながら）この職業の人、だーれだ？

[こたえ] 医師

職業いろいろ

問題233 [4][5]歳児

[ヒント] まわしだけつけて、土俵の上で戦うんだ。

席をとるのが得意！体の大きなちょんまげ姿、だーれだ？

3歳児なら…

「ハッケヨイ、のこった、のこった！」土俵の上で戦う人はだあれ？

[こたえ] 関取（お相撲さん）

問題234 [5]歳児

[ヒント] ゴシゴシ拭いてるよ。

ゴシゴシ掃除が得意な、法律の専門家。だーれだ？

[豆知識] 弁護士の仕事には、人の権利を守り、正義を実現するという役割があります。弁護士になるためには、司法試験に合格しなければなりません。

アレンジしよう

なりたい職業について話し合ってみよう。どんな職業が出てくるかな？

[こたえ] 弁護士

問題235 [5]歳児

[ヒント] ○○先生！って呼ばれるよ。

昨日もいて、明日もいるのに、今日しかいなそうな人はだれ？

アレンジしよう

先生と呼ばれる職業はほかにもあるよ。知っているかな？

[こたえ] 教師

スポーツ

体を動かすのが好きな子も、そうでない子も、なぞなぞを楽しむときは一緒！知っているスポーツはあるかな？

問題236 [4][5]歳児

[ヒント] 得するの反対は、損って言うんだ。

[豆知識] 紀元前、ギリシャ軍兵士が勝利を報告するために走った距離42.195キロがマラソンで走る距離の元になったそうです。

優勝しても、得しないスポーツは？

3歳児なら…

ソンはソンでも、長い距離をがんばって走るよ。なんの競技かな？

[こたえ] マラソン

問題237 [3]歳児

[ヒント] ピッチャーやバッターと言えば？

ややややややややや。「や」が9個。なんのスポーツ？

4・5歳児なら…

1チーム9人で行うスポーツで、名前にも数字の9が隠れているよ。なーんだ？

[こたえ] 野球

問題238 [4][5]歳児

[ヒント] 寝ることを睡眠と言うよ。

寝ながら行うスポーツは？

3歳児なら…

プールでバシャバシャ。泳ぐことをなんていう？

[こたえ] スイミング（水泳）

スポーツ

問題239 [4][5]歳児

ヒント ストーンと呼ばれる石を使うんだ。

[豆知識] カーリングは、氷の上でストーンをすべらせ、ハウスと呼ばれる円の中心をめざしてチームで得点を競い合います。

氷の上をお掃除してるよ、冬のスポーツなーんだ？

アレンジしよう

指輪（リング）が入っているスポーツ、なあに？（ボウリング、カーリング）

[こたえ] カーリング

問題240 [5]歳児

ヒント 小説家のことを作家ともいうよ。

小説家が得意なスポーツは？

アレンジしよう

小説家（作家）の仕事を説明しよう。本に関わる仕事をあげてみても楽しいね。

[こたえ] サッカー

問題241 [5]歳児

ヒント 略してバスケとも呼ばれるよ。

[豆知識] バスケットボールは１チーム５人で対戦し、ドリブルやパスでつなぎながら、バスケットゴールにシュートをします。

いつでも助っ人が登場してくれるスポーツは？

3・4歳児なら…

スポーツなのに、バスが隠れているみたい。なーんだ？

[こたえ] バスケットボール

問題242 [4][5]歳児

ヒント ラケットで黄色い球を打つんだ。

手にすっぱいものがついちゃった！なんのスポーツ？

3歳児なら…

手に巣ができちゃったんだって。その人の好きなスポーツはなんだ？

[こたえ] テニス

問題243 [3]歳児

ヒント 好きだよ♡

[豆知識] もとは、雪山をスムーズに移動する手段として生まれたスキー。スポーツとして定着後は、歩く競技やジャンプ競技など、種類も増えています。

イヤイヤ言わないスポーツは？

4・5歳児なら…

雪山をすべり降りるスポーツなあに？

[こたえ] スキー

問題244 [4][5]歳児

ヒント ピンポン！正解できるかな？

龍(たつ)が9匹、なんのスポーツ？

アレンジしよう

ほかにも数字が隠れているスポーツを探そう。（野球、水球など）

[こたえ] 卓球

色（赤）

毎日子ども達が目にする色のなぞなぞ。赤・黄・緑・青・白・黒から連想されるものがこたえになっています。

問題245 [3]歳児

ヒント 甘酸っぱくておいしいよ。

赤くて つぶつぶがある 甘いくだものは？

[こたえ] イチゴ

[豆知識] イチゴの表面にあるつぶつぶは種ではありません。ひとつひとつが果実で、200 ～ 300 もの果実が集まって赤い部分になっています。

4・5歳児なら…

2個でも3個でも、1個というくだものは？

問題246 [3]歳児

ヒント 種が入っているよ。

花の名前みたいな、丸くてかわいい双子の兄弟。だーれだ？

[こたえ] サクランボ

アレンジしよう

くだもの変身ごっこをしよう。1人ならリンゴ、2人ならサクランボ、みんなでブドウ！

問題247 [4][5]歳児

ヒント 街のあちこちにあるよ。

赤くて、大きい口で手紙をパックンしちゃうもの、なーんだ？

[こたえ] ポスト

アレンジしよう

赤くて大きい口があるものを、ほかにも探そう。（赤鬼など）

色（黄）

問題248 [4][5]歳児

ヒント 十五夜ではこれを見ながらおだんごを食べるよ。

空で丸くなったり、細くなったりするもの、なーんだ？

[豆知識] 月は、地球から一番近い星です。月が光って見えるのは、太陽の光が反射しているからです。

3歳児なら…

ウサギが住んでいるといわれる、空のまん丸なーんだ？

[こたえ] 月

問題249 [3]歳児

ヒント 夏に咲くよ。

黄色くて、太陽に向かって咲く花ってなーんだ？

[豆知識] 夏の代表的な花・ヒマワリ。春に種をまくと、夏には人の背丈よりも高くなり、黄色い大きな花を咲かせます。

3歳児なら…

黄色くて、ハムスターが好きな種がいっぱいとれる花はなあに？

[こたえ] ヒマワリ

問題250 [4][5]歳児

ヒント コーンとも呼ばれるんだ。

甘くて黄色い粒がたくさん並んだ、細長い食べ物ってなーんだ？

アレンジしよう

黄色くて甘い物を、ほかにも探してみよう。(バナナ、パイナップル、リンゴジュースなど)

[こたえ] トウモロコシ

問題251 [4][5]歳児

[ヒント] ヒーロー
みたいだね。

[豆知識] ピーマンはトウガラシの仲間ですが、辛くはありません。緑色が濃く、栄養がたくさん含まれています。

じっとたえるのは我慢、
助けてくれるのは
スーパーマン、
ちょっぴり苦い
緑色の野菜は？

3歳児なら…

緑色で、あれあれ、中身はからっぽ？　この野菜はなあに？

[こたえ] ピーマン

問題252 [4][5]歳児

[ヒント] 青からだんだん赤っぽく
色が変わるよ。

ぶつけたところの
肌の色が
変わったよ。
なんていう？

アレンジしよう

みんなの青あざを見せ合ってみよう。どうやってできたあざか教えてね。

[こたえ] 青あざ

問題253 [4][5]歳児

[ヒント] 夏になると
ここであそ
べるよ。

[豆知識] 地球の７割は海で、海は全部つながっています。海の水には塩が含まれているので、なめるととても塩辛いです。

青くて広くて、
波がザブーン。
なーんだ？

アレンジしよう

「♪海」（作詞／林柳波　作曲／井上武士）を歌おう。海はなぜ青いか話し合ってみてもおもしろいよ。

[こたえ] 海

色（白と黒）

問題254 [4][5]歳児

[ヒント] 名前にウマがつくよ。

白くて黒くて、アフリカで走っている私はだれでしょう？

[豆知識] シマウマはアフリカの草原に住む動物です。体全体に、黒と白のしま模様があり、主に草を食べます。

3歳児なら…

島に住んでいるウマって、なーんだ？

[こたえ] シマウマ

問題255 [3]歳児

[ヒント] 自分の色が多ければ勝ちだよ。

白と黒、ひっくり返してあそぶもの、なーんだ？

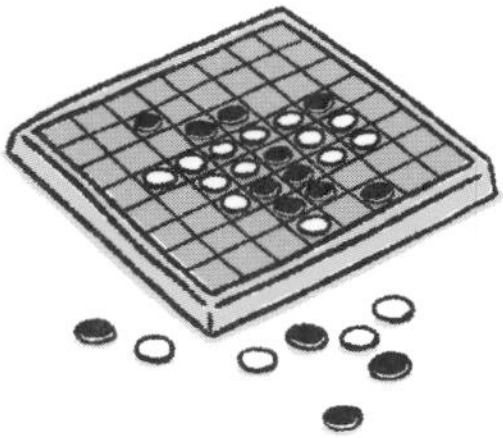

4・5歳児なら…

はさんではさんで、ひっくり返して、多い方の数が勝ち！とあそぶものなーんだ？

[こたえ] オセロゲーム

問題256 [3]歳児

[ヒント] パラパラっとごはんにかけて。

白くて黒くて、小さい粒でしょっぱい食べ物なーんだ？

4・5歳児なら…

白くて黒くて、お赤飯にパラパラふりかける、しょっぱい食べ物ってなーんだ？

[こたえ] ゴマ塩

文房具

クレヨンや色えんぴつ、折り紙など、園生活に欠かせない文房具。使っている様子を思い浮かべてこたえましょう。

問題257　[3]歳児

[ヒント] えんぴつの文字は消せるよ。

ゴムはゴムでものびなくて、よく消せるゴムは？

4・5歳児なら…

使えば使うほど、どんどんなくなっていく文房具は？

[こたえ] 消しゴム

問題258　[4][5]歳児

[ヒント] 切るときは、手をけがしないようにね。

切られたのに、くっつく文房具ってな〜んだ？

アレンジしよう

ほかにも、テープの種類をあげてみよう。(粘着テープ、布テープ、クラフトテープ、スズランテープなど)

[こたえ] セロハンテープ

問題259　[3]歳児

[ヒント] 同じ名前の食べ物があるね。

[豆知識] 指先で塗るチューブタイプや回して使うスティックタイプなど種類豊富。昔はごはんをつぶして作っていました。

紙と紙がくっついた！だれのしわざ？

4・5歳児なら…

手についたらベッタベタ。紙と紙をつけるなど、工作で出番が多いよ。なーんだ？

[こたえ] のり

問題 260 [3]歳児

ヒント 自分の手を切らないように気をつけて！

紙を チョキチョキ これなんだ？

4・5歳児なら…

はさんだら切れちゃう、これなーんだ？

[こたえ] はさみ

問題 261 [4][5]歳児

ヒント まっすぐで細かいメモリがたくさんついてるよ。

[豆知識] まっすぐな線を引くときは「定規」。長さを測るときは「ものさし」。よく似ているけど、違うものなのです。

長さを測るときに使うもの な〜んだ？

3歳児なら…

さしても痛くないよ。ものの長さを測る道具はなあに？

[こたえ] ものさし

問題 262 [4][5]歳児

ヒント 色がついているのは色〇〇〇〇と言うよ。

[豆知識] 1564年にイギリスの鉱山で発見された黒いかたまりが、のちにえんぴつの芯の原料となる黒鉛だったのです。

使えば使うほど短くなるよ。これなーんだ？

3歳児なら…

エーン、エーンッて泣いているよ。字を書くのが得意な私はだあれ？

[こたえ] えんぴつ

文房具

問題 263 [4][5]歳児

[ヒント] カラフルな色が勢ぞろい！

**にゅるっと出して、
水と混ぜて使うよ。
筆が大好き、
これなーんだ？**

アレンジしよう

筆以外のもので描いてみよう。手やローラー、木の棒など試せるよ。

[こたえ] 絵の具

問題 264 [4][5]歳児

[ヒント] いいえは英語で「ノー」と言うよ。

**必ず“いいえ”
というものは、
なあに？**

3歳児なら…

初めは真っ白、最後は文字や絵でいっぱいになるよ。な～んだ？

[こたえ] ノート

問題 265 [4][5]歳児

[ヒント] 白い紙のことだよ。

**絵が描ける
ウシって
どんなウシ？**

3歳児なら…

ウシが隠れている紙のこと、なんていうかな？

[こたえ] 画用紙

遊具や施設などどれも身近なものばかり。こたえの場所に行ってみるのも楽しいです。

問題 **266** 3 歳児

ヒント サラサラだけど、お水を入れたらドロドロだよ。

トンネルや山が自由に作れちゃうところはど〜こだ？！

こたえ 砂場

豆知識 砂場といえば、泥だんご作り。ピカピカの泥だんごを作るコツは、粒子が細かくサラサラした土選びが大切です。

アレンジしよう

公園や園庭など、砂場のある場所でなぞなぞを出してみよう。こたえの場所に集まれ！

問題 **267** 3 歳児

ヒント 降りるときはおしりですべるよ。

登ったのにすぐ降りる！な〜んだ？

こたえ すべり台

豆知識 日本一の長さを誇るすべり台は、茨城県の「わくわくスライダー」で、全長1188m！スリル満点の爽快感が味わえます。

4・5歳児なら…

足で登るけど、降りるときはおしりを使うよ。なーんだ？

問題 **268** 3 歳児

ヒント いろいろなお話があるんだよ。

咳払いはコホン、まねをするのは見本。園にあって、みんなが好きなほんは？

こたえ 絵本

4・5歳児なら…

読んでもらうだけじゃなく、そろそろ自分ひとりで読めるかな？なーんだ？

問題269 [4] [5] 歳児

[ヒント] お家や園、公園や駅にもあるよ。

**出してスッキリ！
ここは
どーこだ？**

3歳児なら…

朝起きてすぐと、ごはんやおでかけの前、寝る前にも行くところはどこかな？

[こたえ] トイレ

問題270 [4] [5] 歳児

[ヒント] 手を洗う場所にあるんだ。

**ひねったり、
押したりすると水が
ジャーッと出てくるよ。
なーんだ？**

アレンジしよう

最近はいろいろなタイプの蛇口があるよ。外出先などでどんなタイプを見たことがあるかな？

[こたえ] 蛇口

問題271 [4] [5] 歳児

[ヒント] ネズミはチーズが好きだよ。

**ネズミが好きな
食べ物じゃないよ。
場所を知りたい
ときに見るものなあに？**

アレンジしよう

海や川はあるけど、水はない。家や町はあるけど、人はいない。これなーんだ？

[こたえ] 地図

問題272 ③歳児

ヒント これが動いているときは、危ないから近づかないで！

豆知識 国内には、絶景を望みながらブランコがこげるスポットが多くあります。静岡県熱海市の「空飛ぶブランコ」などが有名。

「ブラ～ン」と行ったり来たり。これな～んだ？

4・5歳児なら…

前にいったと思ったら、すぐ後ろに戻っちゃう。揺れるものなーんだ。

[こたえ] ブランコ

問題273 ④⑤歳児

ヒント 小学生になってもまだまだあそぼうね！

しょっぱいのは食塩、もらいたいのは百円。では、みんながあそぶ楽しいえんはどーこだ？

3歳児なら…

すべり台、ブランコ、鉄棒、砂場があるところ、どーこだ？

[こたえ] 公園

気になる存在

妖怪やおばけなど、少し怖いけど気になる存在のなぞなぞを集めました。意外と盛り上がるかも!?

問題 274

[4] [5] 歳児

[ヒント] キュウリののり巻きのことをカッパ巻きと呼ぶね。

**キュウリ大好き！
頭にお皿を
のせているのは
だーれだ？**

アレンジしよう

見たことがないけど、想像してカッパの絵を描いてみよう。

[こたえ] カッパ

問題 275

[4] [5] 歳児

[ヒント] とにかく鼻が長いんだ。

**暑くなくても
うちわを持ってるよ。
高下駄をはいて、
鼻が長ーいのだれ？**

3 歳児なら…

ぐんてを逆から言ってごらん。鼻がながーく伸びちゃうよ。なーんだ？

[こたえ] 天狗

問題 276

[5] 歳児

[ヒント] 長いくちばしとウロコがあるよ。
3 本足なんだ。

**半分人間、半分魚。
姿を絵に描くと、
病気が治ると言われて
いるよ。だあれ？**

アレンジしよう

みんなで描いてみよう。病気なんてすぐ治っちゃうね。

[こたえ] あまびえ

問題277 [4][5]歳児

ヒント なにか、ようかい？

なんにも用事がないのに、聞いてくるのはだれ？

3歳児なら…

かいはかいでも、不思議な化け物、なーんだ？

[こたえ] 妖怪

問題278 [4][5]歳児

ヒント 手裏剣を使うのが得意だよ。

隠れたり、変身したりが得意だよ。屋敷に入る忍びの者はだあれ？

3歳児なら…

みんなそろっているのに、「なん人じゃ？」と聞いてくるよ。だーれだ？

[こたえ] 忍者

問題279 [4][5]歳児

ヒント 首がながーいよ。

6がふたつ隠れているおばけは？

アレンジしよう

首が長いものって、ほかにどんなものがいるかな？（キリン）

[こたえ] ろくろ首（ろくろくび）

問題280
[5]歳児 [ヒント] とても美しいけど、恐ろしいんだ。

**真っ白な着物に
真っ白な顔、
寒い冬に現れるよ。
だあれ？**

[こたえ] 雪女

アレンジしよう
白いものと言って思いつくものをあげてみよう。（豆腐、雲、トイレットペーパー、ごはん、塩など）

問題281
[4][5]歳児 [ヒント] 顔になにもないって…怖いよね。

**ふりむいたら顔が
つるんつるん。
だーれだ？**

[こたえ] のっぺらぼう

アレンジしよう
つるんつるんと聞くと思い浮かぶものはなあに？（赤ちゃんの肌、河原の石など）

問題282
[5]歳児 [ヒント] 和風のお部屋が好きなんだ。

**床よりも
たたみの部屋が
好きな子どもは？**

[こたえ] ざしきわらし

[豆知識] 東北地方に伝わる、子どもの姿をした家の守り神。いなくなると、その家は落ちぶれてしまうという言い伝えがあります。

3・4歳児なら…
たたみの部屋にいる、いたずら好きの子どもの妖怪だあれ？

お話

絵本や紙芝居でおなじみのお話がなぞなぞになっています。なぞなぞをした後に、絵本を読むと興味もアップするでしょう。

問題283 3歳児

桃から生まれたのは桃太郎。では、竹から生まれたのはだあれ？

ヒント 最後に月へと帰っていくのはだれかな？

[豆知識] かぐや姫は、『竹取物語』というお話をやさしくしたものです。平安初期にできた日本最古の物語と言われています。

4・5歳児なら…

竹林で生まれて、月に帰っていったお姫様はだあれ？

こたえ かぐや姫

問題284 3歳児

竹から生まれたのはかぐや姫。では花から生まれたのは？

ヒント お姫様は親指ぐらいの大きさなんだって。

4・5歳児なら…

小さなお侍が主人公のお話は一寸法師。では、小さなお姫様が主人公のお話は？

こたえ おやゆび姫

問題285 4 5歳児

カニのかたきを討って、サルをこらしめたのはサルカニ合戦。では、ウサギがタヌキをこらしめたのは？

ヒント タヌキが背中をやけどするよ。

[豆知識] 昔は火打ち石を使って火をつけました。「カチカチ」という音は、火打ち石と火打ち金（鎌）を打ちつけたときの音です。

3歳児なら…

カチカチ、ボーボー、タヌキさんの背中が熱い熱い！　このお話なーんだ？

こたえ カチカチ山

問題286 [3]歳児

ヒント オオカミが手に小麦粉をつけたり、チョークを食べたりするんだ。

３人兄弟のブタのお話は「3匹の子ぶた」。では7人兄弟のヤギのお話は？

4・5歳児なら…

白い手にだまされないで！のお話ってなーんだ？

[豆知識] ドイツのグリム童話のお話。ほかにも、『赤ずきん』『シンデレラ』『ヘンゼルとグレーテル』などがあります。

[こたえ] オオカミと七ひきの子ヤギ

問題287 [4][5]歳児

ヒント クマと相撲をとって勝ったよ。

[豆知識] 主人公の金太郎は、５月５日のこどもの日に飾る人形のモデルになっています。

カメの背中に乗ったのは浦島太郎。では、クマの背中に乗ったのはだあれ？

[こたえ] 金太郎

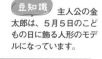

アレンジしよう

ほかにも動物と仲良くなるお話を探してみよう。（『花咲かじいさん』『桃太郎』『浦島太郎』など）

問題 288 [4] [5] 歳児

ヒント こぶがあるおじいさんのお話だよ。

鬼を退治したのは桃太郎。では、鬼といっしょに踊ったのは？

アレンジしよう

ほかにも鬼が出てくるお話を探してみよう。（『一寸法師』『大工と鬼六』など）

[こたえ] こぶとりじいさん

問題 289 [4] [5] 歳児

ヒント 海の中の竜宮城でもてなされるんだ。

最後に箱を開けたら、おじいさんになるお話は？

3歳児なら…

玉手箱という箱を開けたら、おじいさんになってしまったお話ってなあに？

[こたえ] 浦島太郎

問題 290 [3] 歳児

ヒント 小ブタの３兄弟が出てくるよ。

わら、木、レンガでおうちを作るお話なーんだ？

アレンジしよう

みんなが家を建てるなら、どんな材料で作りたいかな？　考えてみよう。

[こたえ] 三匹のこぶた

お話の名ぜりふ

お話の中でも印象的なせりふが勢ぞろい。ピン！とひらめく子どもも多いでしょう。

問題291 [4][5]歳児

[ヒント] 雪のように白い肌のお姫様のお話だよ。

鏡よ、鏡よ、鏡さん。世界で一番美しいのはだあれ？

[こたえ] 白雪姫

アレンジしよう

このセリフはどんな表情で、どんな声色で言ったらいいか、話し合ってみよう。

問題292 [4][5]歳児

[ヒント] カボチャとハツカネズミを用意するんだったね。

いいかい？大事なことだよ。夜中の12時を過ぎる前には帰ってくるんだよ。

[こたえ] シンデレラ

アレンジしよう

シンデレラには、ほかにも印象的なセリフが出てくるよ。（このガラスの靴がぴったりな姫を探しています。）

問題293 [4][5]歳児

[ヒント] 鬼退治に出かけるお話だよ。

おこしにつけたきびだんご。ひとつ、私にくださいな。

[こたえ] 桃太郎

アレンジしよう

モモのほかに、みんなはどんな物から生まれてみたいかな？

問題 294 [4][5]歳児

ヒント 教えてくれたイヌは悲しいことになっちゃうんだ。

おじいさん、
おじいさん。
ここを掘ってください。
（ここ掘れワンワン）

アレンジしよう

花咲かじいさんには、ほかにも印象的なセリフが出てくるよ。（枯れ木に花を咲かせましょう！）

[こたえ] 花咲かじいさん

問題 295 [4][5]歳児

ヒント 赤いずきんが似合う女の子のお話だよ。

ねえ、どうして
そんなにお口が
大きいの？

アレンジしよう

お口のほかにも、大きいものはなーんだ？（耳と目）

[こたえ] 赤ずきんちゃん

問題 296 [4][5]歳児

ヒント のぞいちゃだめって、言ったのに！

[豆知識] 助けてもらったお礼に、ツルは自分の羽根を抜いてきれいな布を織り、おじいさんとおばあさんにプレゼントします。

絶対に、
この部屋を
のぞかないで
ください。

アレンジしよう

ほかにもお話の中の有名なセリフでなぞなぞを作ってみよう。

[こたえ] ツルの恩返し

天気・宇宙

毎日頭の上に広がる空、そしてその先にある宇宙。未来に向けて、興味がどんどんわいてくるテーマのなぞなぞです。

問題297 [4][5]歳児

[ヒント] 青くて、とっても美しいんだって。

9が隠れていて、私たちの住んでいる惑星はなーんだ？

アレンジしよう

ほかにも数字の9が隠れていることばを探してみよう。（野球、救急車、きゅうりなど）

[こたえ] 地球

問題298 [4][5]歳児

[ヒント] たくさんの応募の中から選ばれるんだ。

[豆知識] 候補者に選ばれた後、さらに約2年間訓練を受けて、ようやくISS（国際宇宙ステーション）の搭乗宇宙飛行士と認められます。

宇宙に飛び出すウシはだあれ？

アレンジしよう

ほかにもウシが隠れていることばを探そう！（栄養士、帽子など）

[こたえ] 宇宙飛行士

問題299 [4][5]歳児

[ヒント] この星を見ている間に願い事をすると、叶うんだって！

名前が「れ」の星、なーんだ？

3歳児なら…

夜空で、星が流れてきたよ。なーんだ？

[こたえ] 流れ星（名が「れ」）

問題 300 [3]歳児

ヒント 空に浮かぶアレと同じ名前だよ。

[豆知識] 水と氷の粒で作られる雲。その姿や現れる位置によって、約10種類に分けられます。ひつじ雲と呼ばれる高積雲などさまざまです。

天気がよくない日に出てくる虫は、なあに？

アレンジしよう

天気や空にまつわることばをあげてみよう。(虹、雪、雷、どしゃ降り、猛暑など)

[こたえ] 雲

問題 301 [4][5]歳児

ヒント 寒い冬に、白いものが降ってくるよ。

これが積もると、だるまが現れるよ。なんの天気？

3歳児なら…

白くてふわふわ。でも、綿あめじゃないよ。冬に降るものなーんだ？

[こたえ] 雪

問題 302 [4][5]歳児

ヒント あれあれ、ぷっくり腫れて赤くなってきちゃった。

蚊に刺された！そのとき天気はなあに？

3歳児なら…

明日天気になあれ！と靴を飛ばしたよ。そのまま落ちたら天気はなあに？

[こたえ] 晴れ (腫れ)

あいさつ

あいさつにはいろいろな種類があります。少しずつことばを覚えていく子どもたちも興味のわくなぞなぞです。

問題 303 4 5 歳児

ヒント サンキュー！ってどんな意味かな？

英語で 39 回も
お礼を
言われたよ。
なんていった？

3歳児なら…
アリが 10 匹いるよ。お礼が言いたいんだって。どんなことば？

こたえ ありがとう

問題 304 3 歳児

ヒント お別れのときに言うことばだよ。

おならが出た
みたいな
あいさつは？

バイバーイ！

あれ？

アレンジしよう
ほかにどんなお別れのあいさつがあるかな？ 考えてみよう。
（バイバイ、またね、じゃあねなど）

こたえ さようなら（さよおなら）

問題 305 4 5 歳児

ヒント 片手をあげて、元気いっぱい言ってみよう。

大きい声で
元気よく酢が
あいさつしたよ。
なんて言った？

アレンジしよう
酢以外の調味料は、ほかにどんなものがあるかあげてみよう。
（塩、砂糖、しょう油など）

こたえ おーっす（お酢）

都道府県

47都道府県すべての問題がのっています。自分の住んでいるところ、行ってみたい場所…など楽しみ方がいっぱいです。

問題 306 [5]歳児

ヒント みんなでせーの、おっきな輪！

でっかい丸の県はどーこだ？

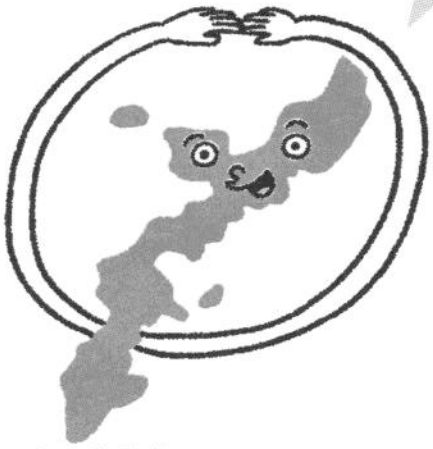

[豆知識] 大小160もの島からなる沖縄。さとうきびやゴーヤー、パイナップルの生産が日本一！ 美しい海と温暖な気候から、観光業も盛んです。

3・4歳児なら…

きれいな海に囲まれ、一年間を通して日本で一番暖かい場所、どーこだ？

こたえ 沖縄県（大きな輪）

問題 307 [5]歳児

ヒント 見えないということは、ないってことだよね。

山があるのに全然見えない！なに県かな？

アレンジしよう

ほかにも、山がつく県を探してみよう。（山形県、岡山県、富山県など）

こたえ 山梨県（山なし）

問題 308 [5]歳児

ヒント 大きくたくさん盛ってね。

ごはんをいつもたくさん食べる県ってどこ？

3・4歳児なら…

青〜い森に囲まれた県だよ。リンゴが有名。どーこだ？

こたえ 青森県（おおもり）

問題 309 [5]歳児

ヒント 名前が先ってことだね。

自己紹介のとき、名字ではなく名前から言う県は？

こたえ 長崎県（名が先）

えっと、
私の、名前は・・・
えっと・・・
モジ
モジ

豆知識 日本で一番、島の数が多い長崎県。971の島があり、2位の鹿児島県を大きく引き離しています。

3・4歳児なら…

長〜い先っちょの剣があるよ。なに県のことかな？

問題 310 [5]歳児

ヒント 服がしましま、服がしま、服しま…。

しましまの服が大好きな県はどーこだ？

こたえ 福島県（服しま）

似合うかな〜♪

アレンジしよう

ほかにも、○島ってつく県どーこだ？（徳島県、広島県、鹿児島県）

問題 311 [5]歳児

ヒント 「おめでとう」と言うときはどんなとき？

いつも「おめでとう」と言ってほしそうな県はどこ？

こたえ 岩手県（祝って）

おめでとうは？
あれ？

豆知識 北海道の次に面積が大きい岩手県。わんこそばが有名です。また、養殖ワカメの生産量は40%を占め、日本一を誇ります。

3・4歳児なら…

いつも祝ってほしがる県はどこかな？

問題312 [5]歳児

ヒント 野球やサッカーを教える人のこと、なんて言う？

スポーツなど、なにかを教えるのが上手そうな県は？

アレンジしよう

歌が下手な人は音痴、小物を入れるものはポーチ、では四国地方にある県は？

こたえ 高知県（コーチ）

問題313 [5]歳児

ヒント 「よん」じゃなくて、「し」で考えてね。

1、2、3、5、6…あれ？抜けている県はどーこだ？

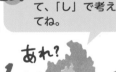

豆知識 滋賀県は日本のほぼ真ん中に位置し、面積の約６分の１を占める日本最大の湖・琵琶湖があります。豊かな水と自然に囲まれた県です。

アレンジしよう

鹿に似ているけど、点々が降ってきた。どこの県かな？

こたえ 滋賀県（4が）

問題314 [5]歳児

ヒント 白くて草を食べる動物だよ。

メェ〜ッと鳴く動物が3匹いる県は？

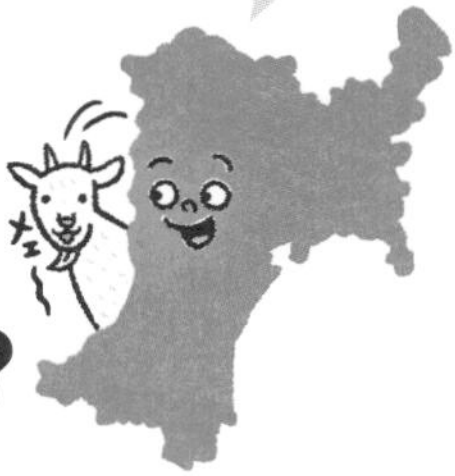

アレンジしよう

ほかにも、動物が隠れている県を探してみよう。（石川県／しか、熊本県／くまなど）

こたえ 宮城県（3ヤギ）

問題315 [5]歳児

[ヒント] ナ行を考えてごらん。

「のにぬねの」って何県かな？

3・4歳児なら…

「なにぬねの」が「のにぬねの」になったよ。どーこだ？

[こたえ] 長野県（「な」が「の」になっている）

問題316 [5]歳児

[ヒント] 転んだら痛くて言っちゃうことばだよ。

転んだときに、つい言ってしまう県はどーこだ？

[豆知識] 温泉の源泉数、湧出量ともに全国一の大分県。別府や湯布院など人気の温泉地として賑わいます。干ししいたけの産地としても有名。

アレンジしよう

みんなで転んだマネをしてみよう。

[こたえ] 大分県（オー、痛！）

問題317 [5]歳児

[ヒント] 3は「さん」のほかに「み」とも読むんだ。

数字の３が入っている県はどこ？

アレンジしよう

二重の子が泣きすぎて、まぶたがこうなっちゃった。どーこだ？

[こたえ] 三重県（みえ）

問題 318 [5]歳児

ヒント 県庁所在地は名古屋市だよ。

数字の1が入っている県は？

3・4歳児なら…

甘い実はライチ、世界で一番は世界一、では名古屋城のある県はどーこだ？

こたえ 愛知県（あいち）

問題 319 [5]歳児

ヒント 米の生産量が日本一の県なんだ。

数字の2が入っている県はどーこだ？

3・4歳児なら…

2がガタガタしている県はどーこだ？

こたえ 新潟県（にいがた）

問題 320 [5]歳児

ヒント「お、今日の服いいね！」

洋服をほめてくれる県はどこかな？

[豆知識] “恐竜王国福井県”。日本で発見された恐竜の化石の約8割は福井で見つかったものです。また、世界に誇るメガネの産地としても有名。

アレンジしよう

友達のいいところを探してごらん。おたがいにほめあってみよう。

こたえ 福井県（服いい）

都道府県

問題 321

[5]歳児 **ヒント** 服を買おうか、どうしようか…？

洋服を買うとき、いつも迷ってしまう県は？

アレンジしよう

ほかにも「福」がつく県をあげてみよう。（福井県、福島県）

こたえ 福岡県（服を買おうか？）

問題 322

[5]歳児 **ヒント** 自分のことを、「我が」とも言うんだ。

ここは自分の山だ！と主張する県はどーこだ？

豆知識 自然豊かな和歌山県は、みかんや梅の収穫量が日本一。特に、江戸時代から栽培が続く梅は、南高梅など人気の品種がたくさん！

3・4歳児なら…

若い山があるんだって。どーこだ？

こたえ 和歌山県（我が山）

問題 323

[5]歳児 **ヒント** ラッキー＝得した気分♪

なんだかここにいるとラッキーな気分になる県は？

アレンジしよう

ラッキー！ と思ったとき、思わずとっちゃうポーズはどんなかな？ みんなでしてみよう。

こたえ 徳島県（とくしたー）

問題 324 [5] 歳児

ヒント ひょうイチ、ひょうニ、ひょうサン、ひょうヨン、ひょう…。

ひょう、ひょう、ひょう、ひょう、ひょう。これってなにに県？

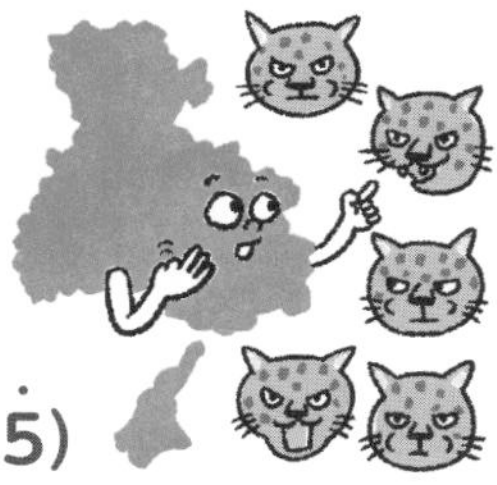

3・4歳児なら…

ひょうが５匹いる県、どーこだ？

こたえ 兵庫県（ひょう5）

問題 325 [5] 歳児

ヒント でっかいって大きいことだよね。

でっかい坂道を、フーフー言いながら登るよ。どーこだ？

3・4歳児なら…

大きい坂道を登ったら、フーッとひと休み。どこかな？

こたえ 大阪府

問題 326 [5] 歳児

ヒント 野球ならカープが有名！

この島はとてつもなく広いぞ？なに県かな？

豆知識 牡蠣の養殖で有名な広島県。世界遺産である厳島神社（宮島）や原爆ドームがあり、外国人観光客も数多く訪れています。

3・4歳児なら…

広ーい島に来ちゃったみたい。なに県かわかるかな？

こたえ 広島県

都道府県

問題327　[5]歳児　[ヒント] つまらないとき、なんて言う？

すぐにつまらなくなっちゃうのはなに県だ？

あ〜ぁ
ポイ

アレンジしよう

どんなときに、つまらなく感じるか考えてみよう。

[こたえ] 秋田県（飽きた〜）

問題328　[5]歳児　[ヒント] ないのほかの言い方、言ってごらん。

島がひとつもない県は、どーこだ？

ぼくたち、島だよな。
うん！
ない、ないよ！

アレンジしよう

島の絵を描いて「これはなに？」「島ね」というやりとりをしてもＯＫ。

[こたえ] 島根県（しまねー）

問題329　[5]歳児　[ヒント] 山が田に見えるって!?

山なのに、田んぼに見える県はどこかな？

田んぼ？
山？

[豆知識] サクランボや枝豆の産地として知られる山形県。日本海に面した県の形は、人の横顔に似ていると言われています。

3・4歳児なら…

山がガタガタしている県はどこ？

[こたえ] 山形県（山が田）

問題330 [5]歳児

[ヒント] なにも聞こえないときってどんな風かな？

とっても穏やかで、なにも聞こえない県は？

[豆知識] お茶の産地として知られる静岡県。美しく広がる茶畑のもと、朝晩の寒暖差の大きい気候がおいしいお茶を作ります。

3・4歳児なら…

みんなが「静かだー」と言ってるよ。どこの県かな？

[こたえ] 静岡県（しずかだー）

問題331 [5]歳児

[ヒント] 1000って、漢字では千と書くんだ。

葉っぱが1000枚ある県、どーこだ？

アレンジしよう

大きい数字、どこまで数えられるかな？やってみよう。

[こたえ] 千葉県（千枚の葉）

問題332 [5]歳児

[ヒント] この動物は「野菜」の中にもいるよ。

角のある動物がいる県はどこかな？

3・4歳児なら…

サイが玉の上にのっているよ。なに県かわかるかな？

[こたえ] 埼玉県（サイたま）

問題 333 （5歳児）

ヒント 昨日と〇〇〇と明日。言ってみよう。

昨日と明日の間にある都道府県は？

明日

昨日

こたえ 京都府（今日と）

アレンジしよう
「きょう」が入っていることばを探そう。（教師、兄弟、教科書など）

問題 334 （5歳児）

ヒント 襲われたら怖い動物も一緒だよ。

口のそばは口もと、足の下は足もと。では、九州にあるもとはなあに？

こたえ 熊本県

豆知識 世界有数のカルデラ（火山噴火でできた巨大な凹地）、阿蘇を中心に美しい草原や自然が広がる熊本県。ご当地キャラのくまモンも人気。

アレンジしよう
九州地方にはほかにどんな県があるか、調べてみよう。

問題 335 （5歳児）

ヒント ぐるぐる飛ぶって、輪になるってこと！

蚊と蛾が一緒に、ぐるぐる飛んでるよ。どーこだ？

こたえ 香川県（かが輪）

3・4歳児なら…
蚊がワーッて飛んでいる県はどこ？

問題 336

[5]歳児 [ヒント] 桃太郎の舞台としても有名だよ。

尾か山か、迷っている県は？

3・4歳児なら…

丘も山も持っていて、自然豊か。晴れの日が多い県はどーこだ？

[こたえ] 岡山県（尾か山か）

問題 337

[5]歳児 [ヒント] 人口が一番多い、大都市だよ。

「と」と「と」の間にはさまれている都道府県はどこかな？

[豆知識] 2011年に誕生した高さ634mのスカイツリーをはじめ、東京タワーや浅草、また世界中からkawaii文化を求めて多くの観光客が訪れます。

アレンジしよう

県以外に、都、道、府がつくところは４つあるよ。どーこだ？

[こたえ] 東京都（とうきょうと）

問題 338

[5]歳児 [ヒント] かごのような島、かごの島…かご…。

かごにいるような島って、なに県？

アレンジしよう

漢字３文字で表す都道府県を、ほかにもあげてみよう。（神奈川県、和歌山県）

[こたえ] 鹿児島県（かご島）

問題 339

5歳児

ヒント ここは、とってもでっかいどう！

あったかい場所に移動したがるところは、どーこだ？

こたえ 北海道（ほっか移動）

豆知識 オーストラリアに匹敵する広大な面積をもつ北海道は、野菜や乳製品の一大産地としても有名。1902年に日本の最低気温－41度も観測しています。

3・4歳児なら…
ほっかほっかの場所に移動したがる都道府県は？

問題 340

5歳児

ヒント とげのある美しい花と言えば？

とげのある花と木がある県は？

こたえ 茨城県（いバラ木）

アレンジしよう
「いばら」という難しいことばについて、説明してもよいでしょう。

問題 341

5歳児

ヒント 土地も木も持ってるなんてすごいね。

土地と木を持っているのはなに県？

こたえ 栃木県

豆知識 イチゴの生産量日本一を誇る栃木県。人気の「とちおとめ」は、栃木の名前から名付けられた品種です。

アレンジしよう
栃木には方言があるよ。知っている方言のことばを話してみよう。

問題 342

[5] 歳児

ヒント 埼玉や栃木、茨城の近くにあるんだ。

ぐんぐん馬が走っている県はどーこだ？

アレンジしよう

群馬には海がないよ。海に面してない都道府県はほかにどこがあるかな？

こたえ 群馬県

問題 343

[5] 歳児

ヒント 日本一高い黒部ダムがあるところだよ。

山にドア(と)がついている県って？

3・4歳児なら…

ヤマトヤマトヤマト…とくり返し言ってごらん。県の名前が出てくるよ。

こたえ 富山県

問題 344

[5] 歳児

ヒント いわの間にしかを入れてみて。

岩の間に、シカが隠れている県は？

3・4歳児なら…

石と川でできている県はどーこだ？

こたえ 石川県

問題345 [5]歳児

ヒント かなちゃんが輪、かなが輪…。

豆知識 1872年、日本初の鉄道が東京の新橋から神奈川県の横浜に開業しました。

かなちゃんが輪を作っているよ。どこの県？

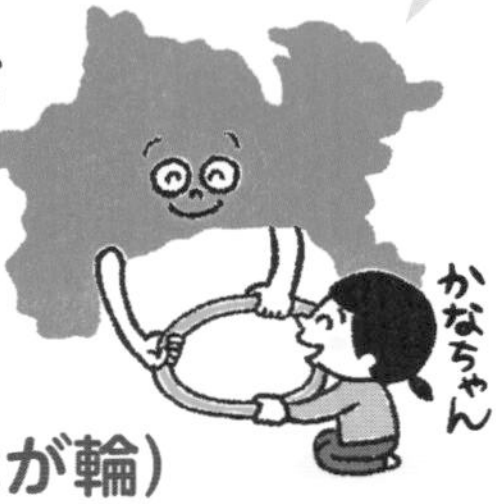
かなちゃん

アレンジしよう
神奈川県に行ったことがある子はいるかな？　横浜、江の島、鎌倉…どこに行ったか教えてね。

こたえ 神奈川県（かなが輪）

問題346 [5]歳児

ヒント 「きふ」に点々をつけてごらん。

点々を寄付してもらったよ。なに県かな？

どうぞ
ありがとうございます!!

アレンジしよう
ほかに2文字の県はどーこだ？（佐賀県、奈良県）

こたえ 岐阜県（きふに濁点）

問題347 [5]歳児

ヒント 奈良公園の野生のシカが有名だよ。

おならが出ちゃいそうになる県は？

ぷっ

3・4歳児なら…
「習いごと」のことばに隠れている県はどーこだ？

こたえ 奈良県

問題 348 ⑤歳児

[ヒント] 鳥が隠れているんだ。

慌てて、鳥をつかまえる県はどーこだ？

[こたえ] 鳥取県（とっ、とり〜）

[豆知識] 鳥取砂丘の砂丘とは、風で運ばれた砂が作り出した丘のこと。10万年以上もの年月をかけて、現在の形になったと言われています。

アレンジしよう

ほかにも、「とり」が入っていることばを見つけてみよう。

問題 349 ⑤歳児

[ヒント] なんて聞き返すと思う？

「私は姫よ！」と言うと、驚いて聞き返される県は？

[こたえ] 愛媛県（えっ、姫？）

3・4歳児なら…

お姫様が隠れている県はどーこだ？

問題 350 ⑤歳児

[ヒント] ぐちって、文句のことだけど…。

山ほど、ぐちを言っている県はどこ？

[こたえ] 山口県

3・4歳児なら…

山の中なのに、おしゃべりする口があるよ。なに県だ？

問題351 [5]歳児

[ヒント] ネコはミャーって鳴くね。さっきもヒントだよ。

**ネコが
さっきまで
鳴いていた県は？**

3・4歳児なら…

さっきまでネコがミャーミャー鳴いていたよ。どこだ？

[こたえ] 宮崎県（ミャーさっき）

問題352 [5]歳児

[ヒント] さかに点をつけてみて。

**かさが
逆立ちしたら、
点が落ちてきたよ。
どーこだ？**

アレンジしよう

名前に点（濁点）がつく都道府県をあげてみよう。

[こたえ] 佐賀県（さが）

問題353 [4][5]歳児

[ヒント] 本当はもっと持っているよ。

**本を２冊
持っている
国はどこ？**

[豆知識] 1972年にアメリカから沖縄が返還されました。沖縄県となり、現在の47都道府県になりました。

アレンジしよう

「日本」と聞くと、なにをイメージするかな？　考えてみよう。

[こたえ] 日本（２本）

アルファベット

「ＡＢＣ〜♪」子ども達も一度は聞いたことがあるアルファベット。まずはなぞなぞから、英語に親しみましょう。

問題 354 　5歳児

ヒント 力をこめるときにも、つい言っちゃうよ。

海でひらひら泳いでいるのはだあれ？

こたえ A（エイ）

豆知識 サメの仲間であるエイは、水族館の水槽の内側からかわいい顔を見せてくれます。ただし尻尾の先には毒があるため、注意が必要です。

アレンジしよう

まずは ABC の歌を歌ってみよう。最初に出てくるのが A だよ。

問題 355 　5歳児

ヒント 運動会など、気合いを入れるときに言うよ！

エイエイ…に続くことばはなにかな？

こたえ O（オー）

3・4歳児なら…

血液型って知っているかな？　A型、B型、AB型、それ以外の子はなに型？

問題 356 　5歳児

ヒント これを送り合うんだ。

応援する意味でこの文字を送ると言うよ。なんの文字？

こたえ L（エール）

3・4歳児なら…

洋服のサイズにもあるよ。S、M…その次はなーんだ？

アルファベット

問題357

[5]歳児

[ヒント] 人さし指を口の前に当てて、なんて言う？

[豆知識] 英語には、「C」「sea（海）」「she（彼女）」などいろいろなシーがあります。それぞれ発音が異なります。

静かにするときの合図はなーんだ？

アレンジしよう

みんなが静かにしたいときはどんなときかな？　話し合ってみよう。

[こたえ] C（シー）

問題358

[5]歳児

[ヒント] びしょぬれになる池の反対だね。

さかさにすると、落ちたらびしょぬれになっちゃうところ、なあに？

3·4歳児なら…

計算、ケーキ、警察官、隠れているアルファベットはなあに？

[こたえ] K（ケイ）

問題359

[5]歳児

[ヒント] トランプにも出てくるよ。

6、7、8に続くアルファベットは？

アレンジしよう

「Q」は形がおもしろいので描いてみせよう。丸い顔に、ちょろっとひげが生えたらできあがり！

[こたえ] Q（9）

問題360 5歳児

ヒント 横棒と縦棒がぶつかったらなんになる？

お湯につけると、味が出ておいしく飲めるものなあに？

こたえ T（TEA）

豆知識 お茶には緑茶やウーロン茶、紅茶などがありますが、実は同じ茶葉から生まれたもの。発酵の度合いを変えてさまざまなお茶になります。

アレンジしよう
名前にTがつく子を集めて、一緒に「T」の文字を書いても楽しいよ。

問題361 5歳児

ヒント ピーヒャラ、ピーヒャラ♪

さかさにすると、音が出るよ。なーんだ？

こたえ F（笛）

アレンジしよう
全身を使って、「F」の形を表そう。ほかのアルファベットにも挑戦しよう。

問題362 5歳児

ヒント 仲良しの友達と集まるとこうなるよ。

くり返すと楽しくなるアルファベットは？

こたえ Y（ワイワイ）

3・4歳児なら…
楽しいときや、友達と一緒のときは、盛り上がるとどんな風になるかな？

数字

もののの数や時間など、身近な数字が気になり始めた子ども達。興味が出てきたら、さっそく出題してみましょう。

問題363 [4][5]歳児

[ヒント] 急ぐことは、急(きゅう)とも言うんだ。

急いでいる数字はなあに？

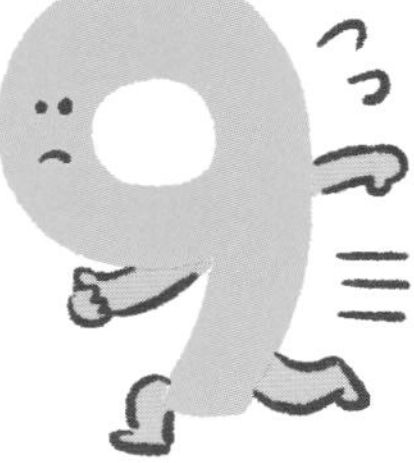

アレンジしよう

9をさかさにすると、別の数字になるよ。なあに？（6）

[こたえ] 9

問題364 [4][5]歳児

[ヒント] 紙に書いて、タテにしてごらん。

おしりの形をタテにすると、なんの数字になる？

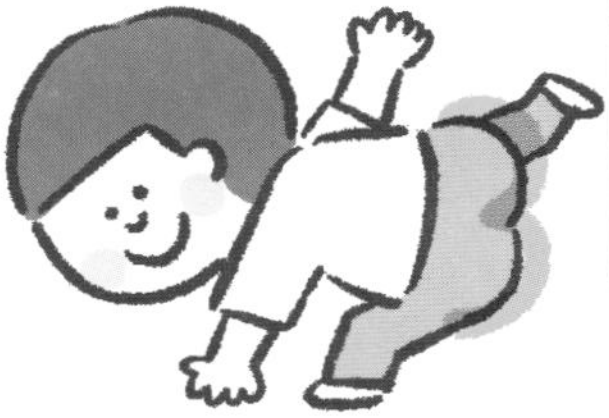

3歳児なら…

耳の形を見てごらん。なんの数字が見えてくるかな？

[こたえ] 3

問題365 [4][5]歳児

[ヒント] 鏡もちは、ミカンがのったお正月に飾るものだよ。

鏡もちの形を思い浮かべると、出てくる数字は？

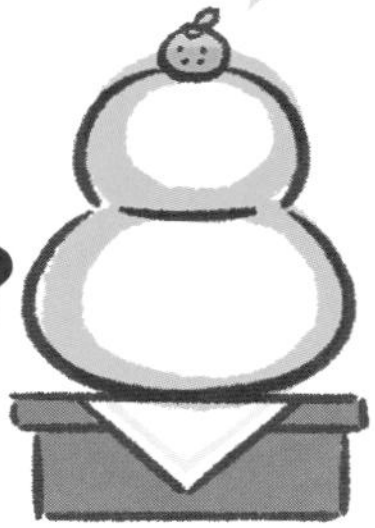

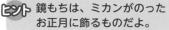

3歳児なら…

雪だるまの形を思い浮かべてごらん。どんな数字が隠れてるかな？

[こたえ] 8

問題366 [5]歳児 [ヒント] 犬はワンって鳴くよね。

英語で言うと、犬の鳴き声になる数字、なーんだ？

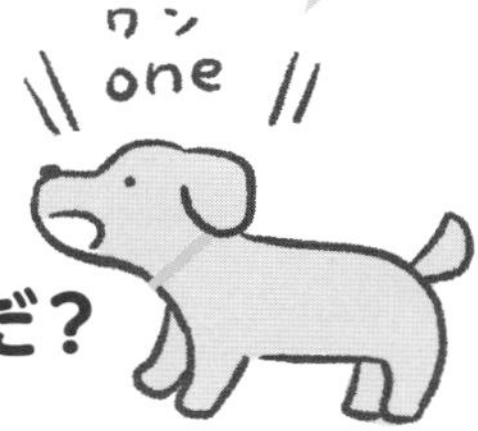

アレンジしよう
英語で数字を聞いたことはあるかな？ワン、トゥー、スリー、フォー…。

[こたえ] 1（ワン）

問題367 [4] [5]歳児 [ヒント] ヨンロクヨンキュー。暗号みたいだな。

「4649」この数字、なんて読めるかな？

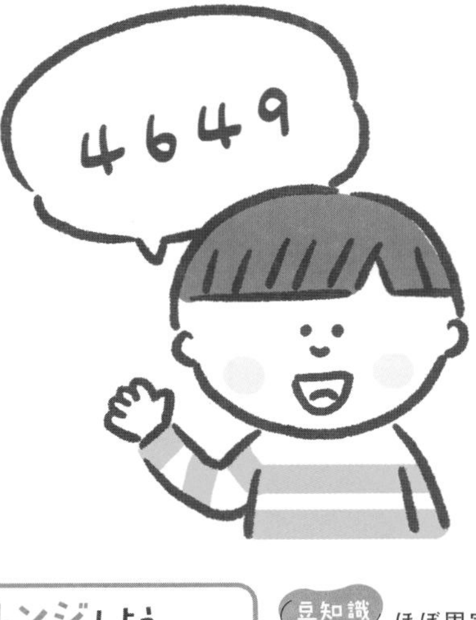

アレンジしよう
自分の名前を数字にしてみよう。暗号ごっこもおもしろいよ！（なみ…73、さとし…3104など）

[豆知識] ほぼ固定電話しかなかった1990年前後。流行したポケットベル（ポケベル）は、数字をメッセージ代わりにして伝えていました。

[こたえ] ヨロシク

問題368 [4][5]歳児

ヒント どんな色が好きかな？

ヨンはヨンでも使えば使うほど減っていくヨンはなーんだ？

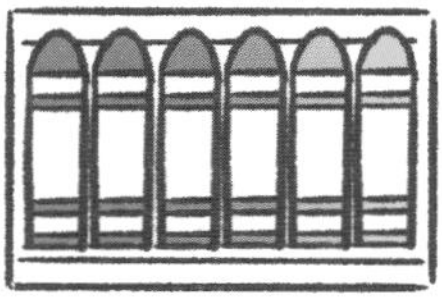

3歳児なら…

ヨンはヨンでも、たくさんの色があって、お絵かきに使うヨンはなーんだ？

[こたえ] クレヨン

問題369 [4][5]歳児

ヒント 皮はツルっとすべるよ。

[豆知識] バナナは暖かい地域で育つくだものです。最初は緑色でだんだん黄色く甘くなります。

ナナはナナでも、黄色い皮に包まれた細長いナナはなーんだ？

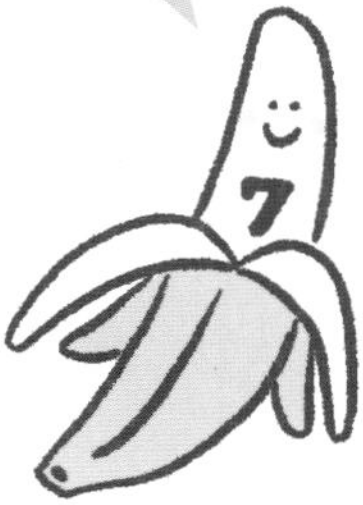

3歳児なら…

バ、バ、バ、バ、バ、バ、バ。バが7つ。これなーんだ？

[こたえ] バナナ

問題370 [3]歳児

ヒント オレンジやリンゴなど、味はいろいろあるよ。

ジュウはジュウでも、ゴクゴクおいしいジュウはなあに?

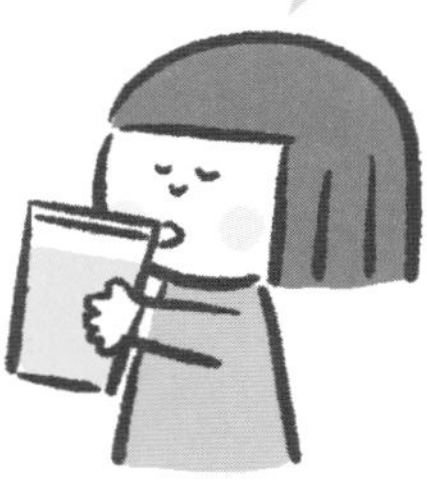

4・5歳児なら…

ジュウはジュウでも、くだものととっても仲良しな、おいしいジュウはなーんだ？

[こたえ] ジュース

1文字なぞなぞ

こたえが１文字になるなぞなぞです。ことばに興味をもち始めたばかりの3歳児でも大丈夫。1文字で盛り上がります。

問題371

4 5 歳児

ヒント 食べ物を消化してくれるんだ。

おなかの中にある1文字、なあに？

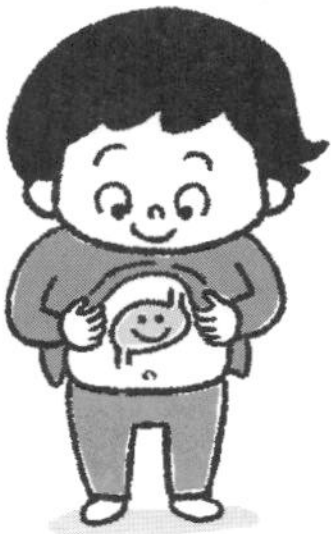

3歳児なら…

「あ」の次にくることばが、みんなのおなかの中にあるよ。これなーんだ？

[こたえ] い（胃）

問題372

3 歳児

ヒント 草や花もあるけど、いろんな種類があるんだ。

山に行くと、たくさんはえている1文字なーんだ？

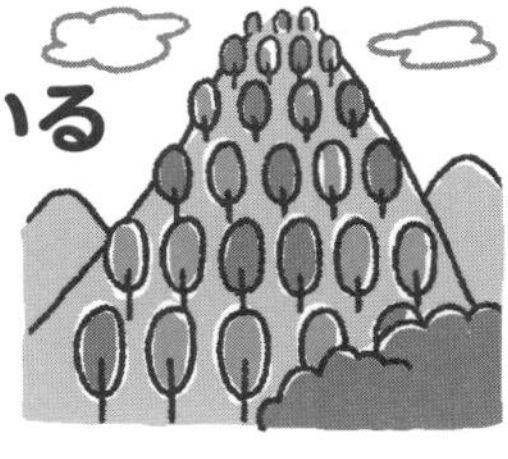

アレンジしよう

名前を知っている木はあるかな？　どんな木で、どこで見たかも教えてね。

[こたえ] き（木）

問題373

3 歳児

ヒント ブーンという音がする…。

[豆知識] 5～10月に多く見られる蚊の中で、血を吸うのは産卵期のメスだけです。予防には、できるだけ肌の露出をおさえることが大切。

夏に飛んでくる1文字の虫、だーれだ？

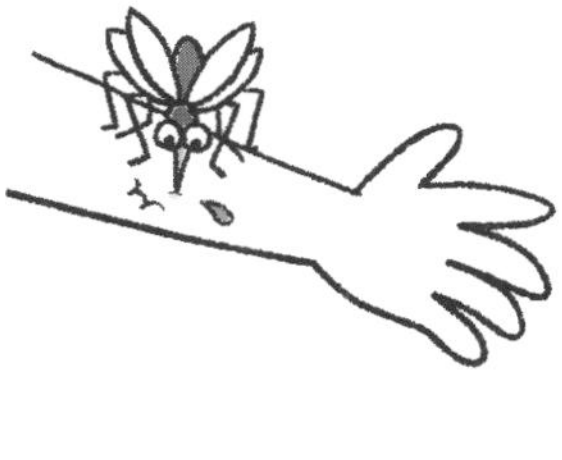

アレンジしよう

夏に現れる虫ってどんな虫がいるかな？（カブトムシ、セミ、ホタルなど）

[こたえ] か（蚊）

問題374

[3]歳児

[ヒント] ノートや白い画用紙に描くよ。

鉛筆やクレヨンで書く1文字は？

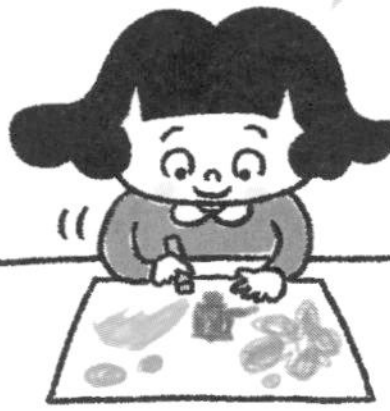

4・5歳児なら…

紙に書くもので、1文字なーんだ？

[こたえ] え（絵）、じ（字）

問題375

[3]歳児

[ヒント] ほら、引っぱってごらん。

[豆知識] 髪の毛は、頭を寒さや暑さから守る働きがあります。また、ものが頭に当たったとき、クッションのような役割もします。

頭に生えている1文字なあに？

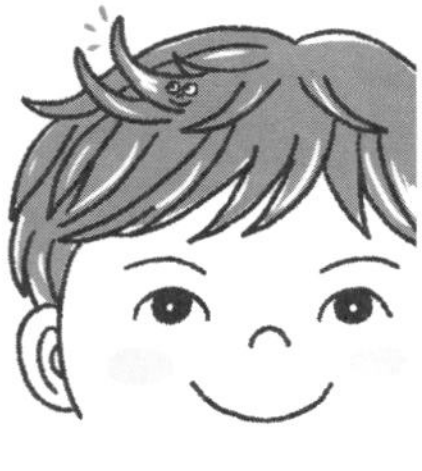

4・5歳児なら…

頭、鼻の中、まぶたの上、目の上にもあるよ。なーんだ？

[こたえ] け（毛）

問題376

[4][5]歳児

[ヒント] 梅干しやレモンを食べたときも感じるね。

お寿司のごはんに入っているすっぱい1文字なーんだ？

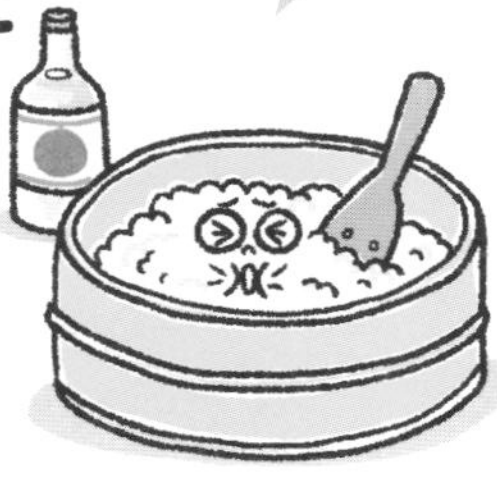

アレンジしよう

みんなですっぱいものを食べたときの顔をやってみよう。

[こたえ] す（酢）

問題377 [3]歳児

[ヒント] 転ぶと出ることが多いよ。

ケガをしたら、出てくる1文字は？

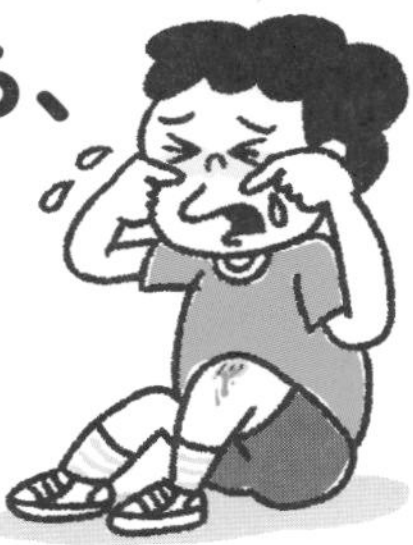

4・5歳児なら…

みんなや動物の体の中に流れている赤いもの、なーんだ？

[こたえ] ち（血）

問題378 [4][5]歳児

[ヒント] 5本の指があるんだ。

持ったり、つないだり、にぎったりする1文字はなあに?

[豆知識] 人間など、多くの哺乳類は指が5本あります。ただし、生き物は進化の過程で4本になるなど変形していくものもいます。

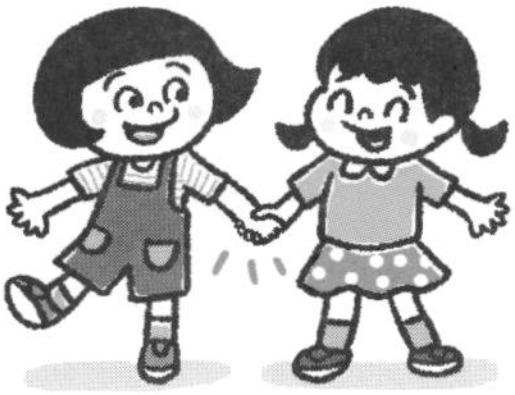

3歳児なら…

みんなが毎日使う5本指がついている体の一部。どーこだ？

[こたえ] て（手）

問題379 [3]歳児

[ヒント] 朝もしてね。

寝る前にみがく1文字なーんだ？

[豆知識] 子どもの歯（乳歯）は20本あります。乳歯は6歳ぐらいから少しずつ抜けて、そのあとに大人の歯（永久歯）が生えてきます。

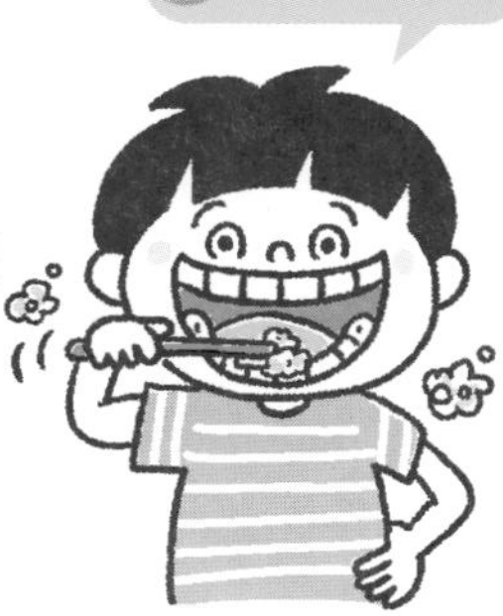

4・5歳児なら…

みがいたら、ピカピカ真っ白！　これなあに?

[こたえ] は（歯）

問題380 [4][5]歳児

[ヒント] 激しく燃えたら大変！

熱くて、真っ赤になる1文字なあに？

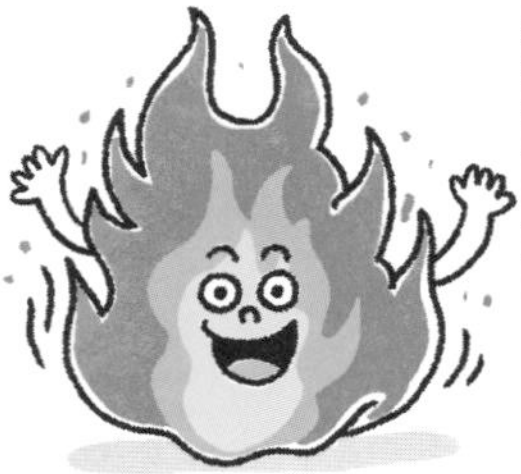

3歳児なら…

誕生日ケーキのろうそくにつく1文字、なーんだ？

[こたえ] ひ（火）

問題381 [3]歳児

[ヒント] ふたつあるよ。

景色やみんなの顔を見る1文字なあに？

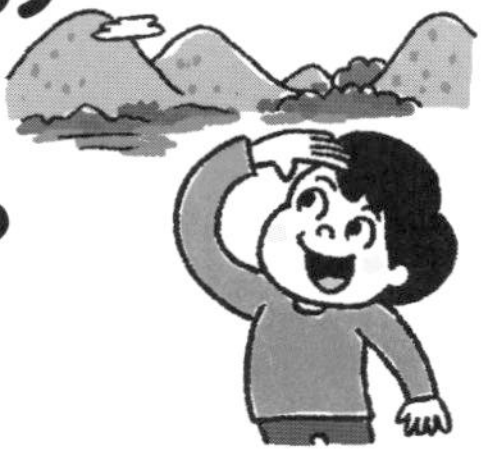

[豆知識] 文字を書く「利き手」と同じで、目にも「利き目」があります。左右は人によって違いますが、利き目は疲れやすいので意識して休めましょう。

アレンジしよう

顔の中に、ふたつずつあるものをあげてみよう。

[こたえ] め（目）

問題382 [4][5]歳児

[ヒント] 熱いから、気をつけて！

水なのに、火をつけて沸かすと現れる1文字、なんて言う？

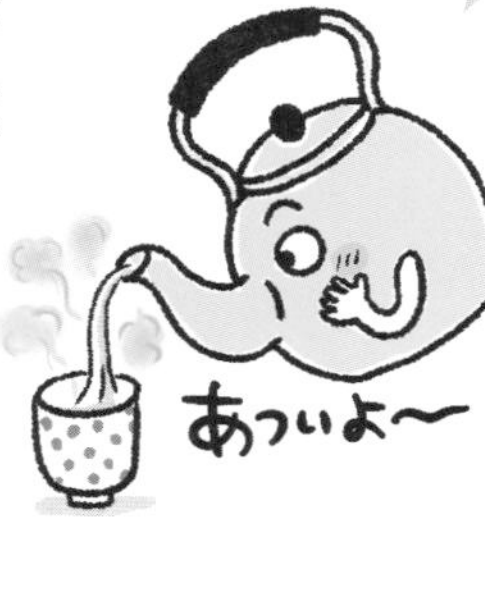

[豆知識] 水は100℃になると沸騰し、熱湯となります。それを40～50℃まで冷ましたものを白湯と言います。

アレンジしよう

湯に触ってしまったときの「アチッ」というジェスチャーを見せながら、なぞなぞを出してみよう。

[こたえ] ゆ（湯）

問題383 [4][5]歳児

[ヒント] ひとりでも、両腕で丸を作るとできるよ。

みんなが手をつないだらできる1文字は？

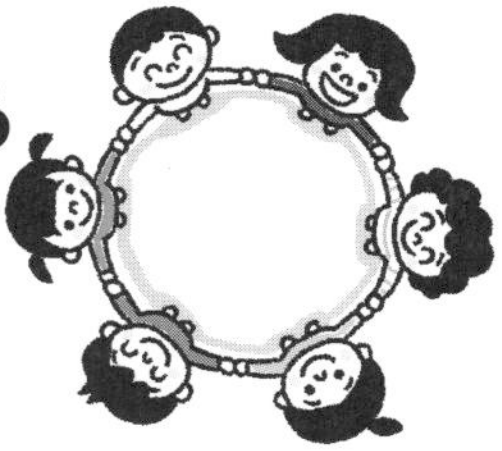

アレンジしよう

みんなで作ってみよう。小さい輪…中くらいの輪…大きい輪。楽しいね。

[こたえ] わ（輪）

問題384 [4][5]歳児

[ヒント] ちょっと怖い…かな…。

チョウチョウに似ているけど、ちがう虫だよ。1文字だーれだ？

3歳児なら…

チョウチョウに似ているよ。「か」に点々がつく虫、なあに？

[こたえ] が（ガ）

問題385 [4][5]歳児

[ヒント] ニンジン、ジャガイモ、玉ねぎ、お肉もそう。

カレーの中に入っている1文字なあに？

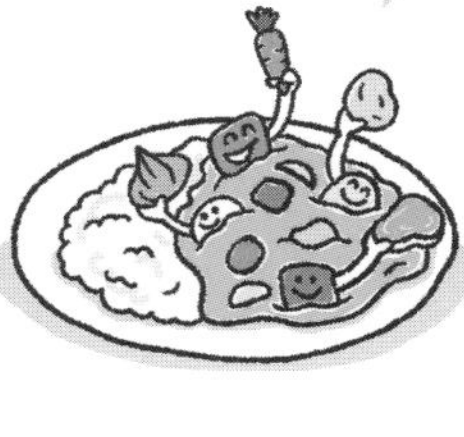

3歳児なら…

カレーの中に入っているものはなあに？では、これ全部のことを1文字で言うとなーんだ？

[こたえ] ぐ（具）

同じ２文字なぞなぞ

問題386 [3]歳児

[ヒント] お母さんのこと、なんて呼んでいるかな？

お母さんのこと、ほかになんて言うかな？

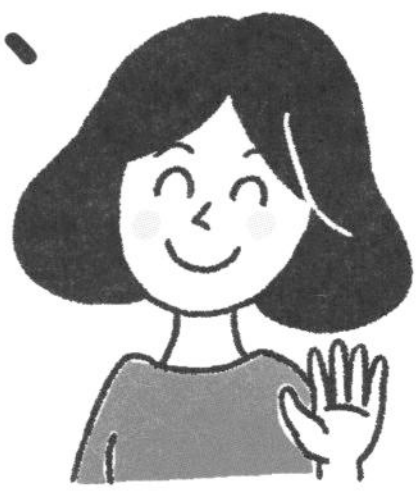

アレンジしよう

みんなのお母さんはどんなお母さんかな？　思い浮かべて発表しよう。

[こたえ] はは（母）、ママ

問題387 [3]歳児

[ヒント] 友達は、こう呼んでいたなあ。

お父さんのこと、違うことばで呼んでみると？

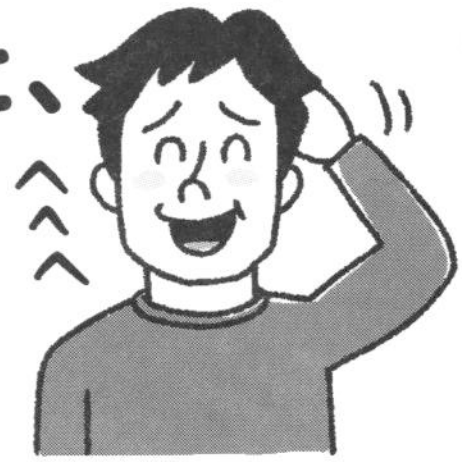

アレンジしよう

お父さんのお父さんはだーれだ？（おじいちゃん）

[こたえ] ちち（父）、パパ

問題388 [4][5]歳児

[ヒント] 七夕でも使うものだよ。

緑色で、パンダが食べるものはなあに？

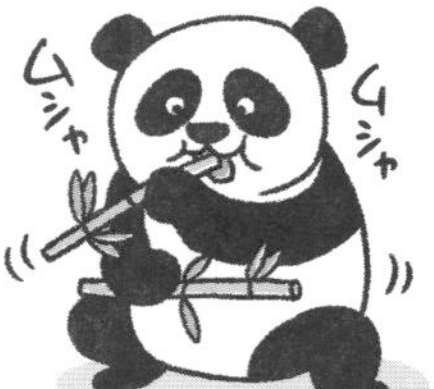

アレンジしよう

野生のパンダは竹林に住んでいることや、笹や竹、たけのこの話をするのもいいですね。

[こたえ] ささ（笹）

同じことばが続く2文字のこたえを集めました。Part 3のことばあそびにもつながる、楽しいなぞなぞです。

問題389 [4][5]歳児

[ヒント] お茶の葉が入っている入れものもそうだよ。

口が開いていて、丸くてながーいもの。なーんだ？

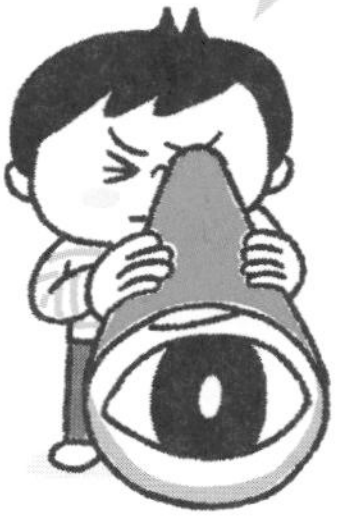

アレンジしよう

お茶っぱの入っている筒など、実際に子どもたちに見せるといいですね。

[こたえ] つつ（筒）

問題390 [4][5]歳児

[ヒント] 1から数えてみよう。

数字の中にある、同じ2文字なあに？

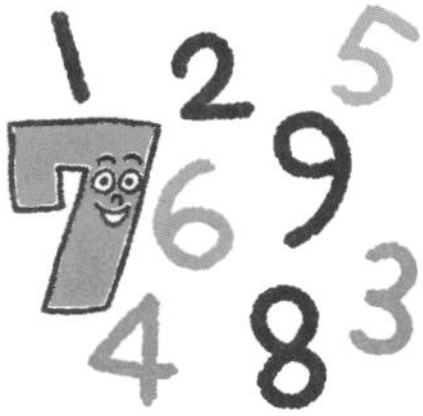

3歳児なら…

イーチ、ニー、サーン、シー、ゴー、ローク…次はなにかな？

[こたえ] なな（7）

問題391 [4][5]歳児

[ヒント] 顔を触って、当てっこしよう。ふたつあるよ。

顔の中にある、同じ2文字わかるかな？

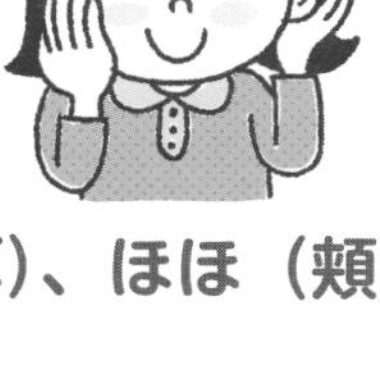

[豆知識] 耳は音を聞くだけでなく、耳の中にある三半規管という部分で体の動きを感じたり、バランスをとったりする働きがあります。

3歳児なら…

上から読んでも、下から読んでも同じ顔の中にある部分、どーこだ？

[こたえ] みみ（耳）、ほほ（頬）

同じ2文字なぞなぞ

問題392 [4][5]歳児

[ヒント] ○○一髪！って叫ぶことも あるよ。

ピンチのときのことだよ。なんて言う？

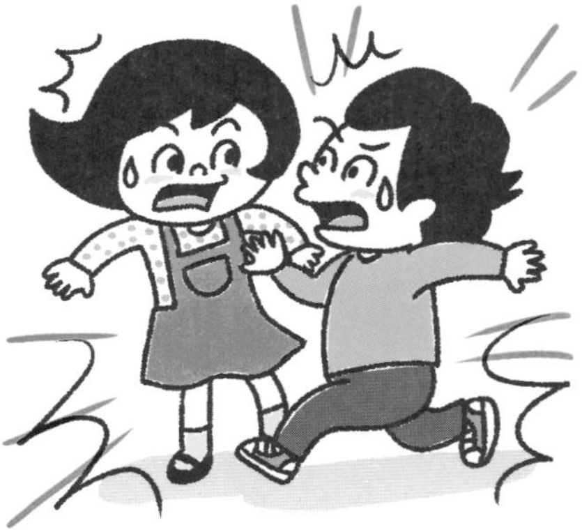

[こたえ] きき（危機）

[豆知識] 危機とは、非常に危ないときを表します。「危機一髪」は、危険が髪の毛一本ほどすぐ近くまで迫っている状態です。

アレンジしよう

ピンチのときって、どんなときかな？最近ピンチだったことをあげてみよう。

問題393 [4][5]歳児

[ヒント] ちょっと眠くなる時間だね。

お昼から夜の12時までのことだよ。なーんだ？

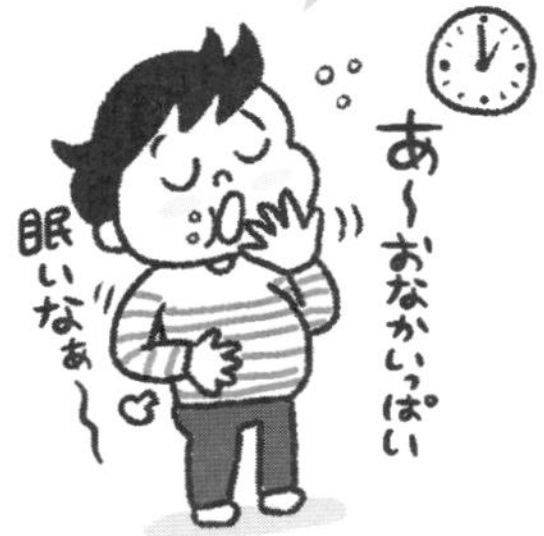

[こたえ] ごご（午後）

[豆知識] 午前や午後に「午(馬)」の文字が使われているのは、干支に関係しています。12時を表す干支が午だったそうです。

アレンジしよう

では、お昼前はなんて言うか知ってるかな？（午前）

Part 3

人気の
ことばあそび

<問題394〜607>

オノマトペやだじゃれ、早口ことばなど、
ことばのおもしろさを感じる問題をたくさん集めました。
子どもたちはもちろん、
問題を出す大人も楽しみながら、一緒にあそびましょう。

こたえはいくつもあるよ

問題394 [3]歳児

赤くて緑色の葉っぱがついている食べ物なあに？

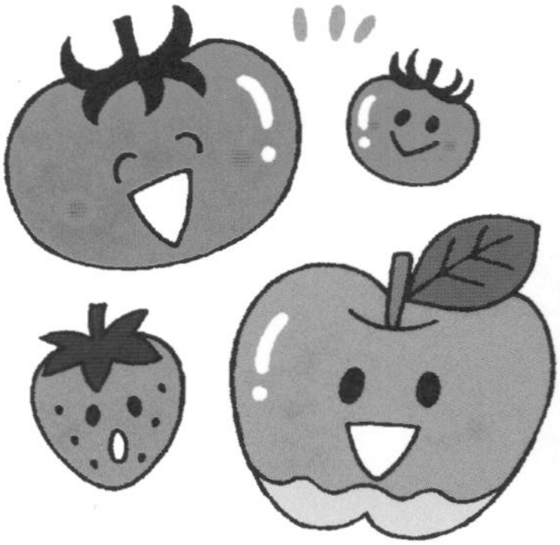

[ヒント]
- ケーキの上にのっている甘くてすっぱいものだよ。（イチゴ）
- 小さいものも大きいものもあるよ。サラダにぴったり。（ミニトマト、トマト）

[こたえ] トマト、ミニトマト、イチゴ、リンゴ、ラディッシュ　など

問題395 [4][5]歳児

黒くて小さいものなーんだ？

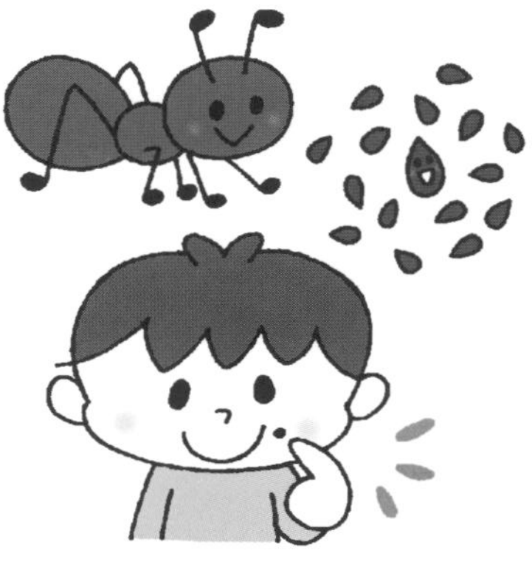

[ヒント]
- よく見かける、働きものの生き物だよ。（アリ）
- 顔や体についているものだよ。みんなにもあるかな？（ほくろ）

[こたえ] アリ、ダンゴムシ、ゴマ、ほくろ　など

問題 **396** ❸歳児

三角でおいしいもの
なあに？

ヒント
- レタスやたまご…好きなものを
はさむよ。（サンドイッチ）
- 鮭やこんぶ、ツナマヨもおいし
いよね？（おにぎり）

こたえ サンドイッチ、おにぎり、
おでんのこんにゃく、
ショートケーキ など

問題 **397** ❹❺歳児

四角くておいしいもの
なーんだ？

ヒント
- 朝食、食べたかな？ バターや
ジャムを塗るよ。（食パン）
- 白くて、冷たくて、くずれやす
いんだ。（豆腐）

こたえ 豆腐、食パン、角砂糖、
はんぺん、キャラメル
など

問題 **398** ❸歳児

丸くておいしいもの
なあに？

ヒント
- かたくて、しょっぱいよ。焼き
立てはアツアツ！（せんべい）
- 中にタコが入っている、大阪名
物だよ。（タコ焼き）

こたえ まんじゅう、せんべい、
タコ焼き、どら焼き、
バームクーヘン など

147

こたえはいくつもあるよ

問題399 [4][5]歳児

「あ」で始まる3文字のもの、なーんだ？

ヒント
- ちょっとこわ〜いから、会いたくないな。（悪魔）
- みんなの体の一番上にあるよ。とっても大事なところ。（頭）

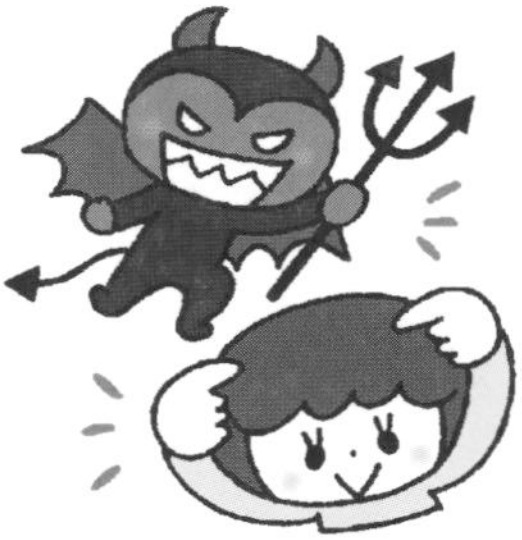

[こたえ] 悪魔、頭、あんこ、空き地、朝日、油 など

問題400 [4][5]歳児

「ん」で終わる3文字の甘いもの、なあに？

ヒント
- やわらかくて、カラメルソースがかかっているよ。（プリン）
- 黄色い輪っかのような形なら見たことあるかな？（パイン）

[こたえ] みかん、プリン、パイン など

問題401 [4][5]歳児

「ん」がふたつつく野菜、なーんだ？

ヒント
- カレーに入っているオレンジ色の野菜！（ニンジン）
- 穴が開いていて、お正月に出てくるよ。（レンコン）

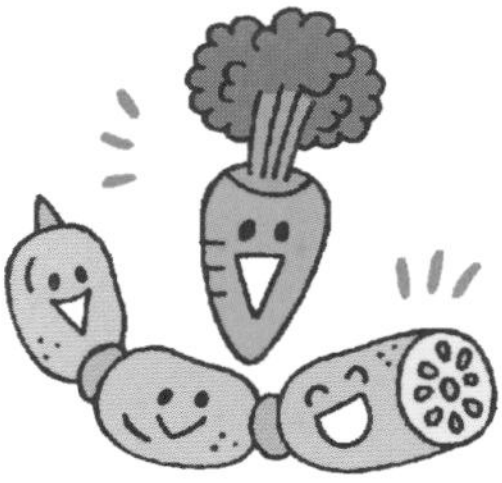

[こたえ] ニンジン、レンコン、チンゲンサイ、なんきん（カボチャ） など

問題402 [4][5]歳児

「ご」がつく食べ物は？

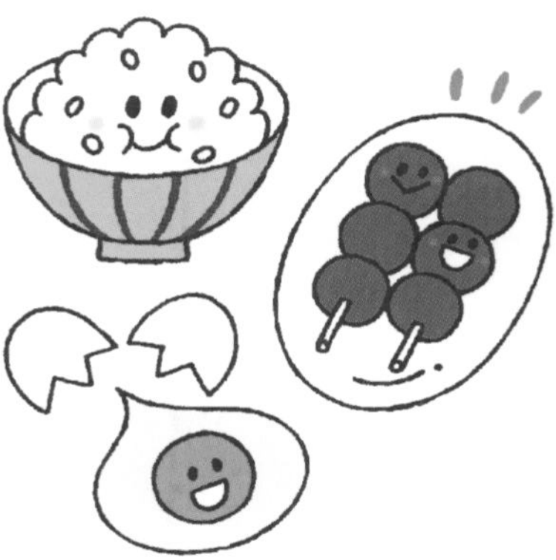

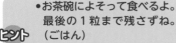

ヒント
- お茶碗によそって食べるよ。最後の１粒まで残さずね。（ごはん）
- 串に３、４個ささっていることが多いよ。（だんご）

[こたえ] ゴボウ、ごはん、ゴマ、リンゴ、だんご、たまご　など

問題403 [3]歳児

ねっとりしていてぐるぐるかき混ぜて食べるものなあに？

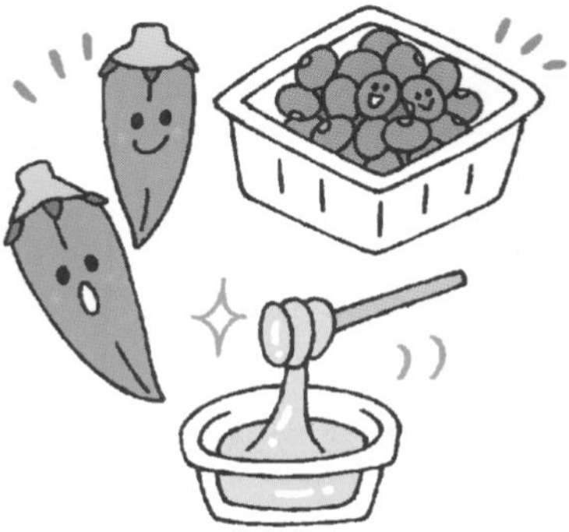

ヒント
- においが独特な茶色いお豆だよ。ごはんにかけて食べよう。（納豆）
- 切ると、形が星に似ているんだ。緑色で種があるよ。（オクラ）

[こたえ] 納豆、とろろ、水あめ、はちみつ、オクラ、めかぶ、なめこ　など

問題404 [4][5]歳児

触ったら ざらざらしている もの、なあに？

ヒント
- 公園にあるよ。山やトンネルも作れるんだ。（砂）
- みんなの手はすべすべ？ この人の手はどうかな？（おばあちゃんの手）

[こたえ] 砂、おばあちゃんの手、ネコのした、紙 など

問題405 [4][5]歳児

触ると つるつるしている もの、なーんだ？

ヒント
- これが切れると、お部屋が真っ暗になっちゃうんだ。（電球）
- 白くて長い食べもの。温かいのも、冷たいのもあるよ。（うどん）

[こたえ] 床、おじいちゃんの頭、うどん、ゆでたまご、電球 など

問題406 [5]歳児

大きくなればなるほどうれしいものは？

[ヒント]
- 生クリームやチョコが塗ってあるよ。くだものたっぷりがうれしいな。（ケーキ）

[こたえ] ケーキ、笑顔、ごはん、お菓子、砂場で作る山 など

問題407 [5]歳児

小さくなればなるほど困ったものは？

[ヒント]
- きつくなったら、体が成長している証だよ。（パンツや服）
- 人に聞こえる大きさがいいね。大きすぎも×だよ。（声）

[こたえ] パンツや服、えんぴつ、声、文字 など

問題408 [4][5]歳児

丸くて穴が開いているもの、わかる？

[ヒント]
- 洋服やかばんについていて、とめたり、はずしたりして使うよ。（ボタン）
- 車には４本これがついているよ。（タイヤ）

[こたえ] ドーナツ、ボタン、レンコン、タイヤ など

オノマトペ なんの音？ 動物編

問題409 ③歳児

ウッホ、
ウッホ、
ウッホッ
ホー

こたえ ゴリラの鳴き声

問題412 ③歳児

ワン
ワンッ

こたえ イヌの鳴き声

問題410 ③歳児

ニャー
ニャー

ミャー
ミャー

こたえ ネコの鳴き声

問題413 ③歳児

モー

こたえ ウシの鳴き声

問題411 ③歳児

ポッポー、
ポッポー

こたえ ハトの鳴き声

問題414 ③歳児

カァー
カァー

こたえ カラスの鳴き声

問題 415 ③歳児

コケコッコー

こたえ ニワトリの鳴き声

問題 418 ③歳児

ゲロゲロ、ゲロゲーロ

こたえ カエルの鳴き声

問題 416 ③歳児

オゥオゥ

こたえ アザラシの鳴き声

問題 419 ③歳児

ガオー

こたえ ライオンの鳴き声

問題 417 ③歳児

ヒヒーン！

こたえ ウマの鳴き声

オノマトペ なんの音？ 日常編

問題 420 ③歳児

ジャー
ジャー

こたえ 水の音

問題 423 ③歳児

ごくごく

こたえ なにかを飲んでいる
ときの様子

問題 421 ③歳児

ガタン
ゴトン、
ガタン
ゴトン

こたえ 電車の音

問題 424 ③歳児

プッ
プー！

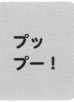

こたえ 車のクラクションの音

問題 422 ③歳児

ぱくぱく、
もぐもぐ

こたえ なにかを食べている
ときの様子

問題 425 3 歳児

ぽつぽつ
ざあざあ

こたえ 雨の音

問題 426 3 歳児

チリン
チリン

こたえ 自転車のベルの音

問題 427 4 5 歳児

すたすた

こたえ 早歩きしている様子

問題 428 3 歳児

（ピカッ！）
ゴロゴロ
ゴロ…
ドドッーン

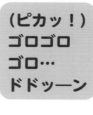

こたえ 雷の音

問題 429 4 5 歳児

たっ
たったっ

こたえ 軽快に走っている様子

問題 430 3 歳児

すやすや

こたえ 寝ている様子

155

オノマトペ なんの音？ 動作編

問題431 [4][5]歳児

あたふた

[こたえ] とても慌てている様子

問題432 [4][5]歳児

へとへと

[こたえ] とても疲れている様子

問題433 [4][5]歳児

ぺらぺら

[こたえ] よくしゃべる様子

問題434 [4][5]歳児

くるくる

[こたえ] 人やものが回っている様子

問題435 [4][5]歳児

ズキズキ

[こたえ] 傷や体のどこかが痛む様子

問題436 [4][5]歳児

ころころ

[こたえ] ものが転がるときの音や様子

問題437 [4][5]歳児

がっかり

[こたえ] 落ちこんでいる様子

問題438 [4][5]歳児

ドキドキ

[こたえ] 緊張している様子

問題440 [4][5]歳児

プンプン

[こたえ] 怒っている様子

問題441 [4][5]歳児

ドキッ

[こたえ] 驚きや怖さ、
期待を感じる様子

問題439 [4][5]歳児

ルンルン

[こたえ] 楽しくて心が躍る様子

問題 442 [4][5]歳児

ガーン

[こたえ] 強いショックを受けたときの様子

問題 443 [4][5]歳児

シクシク、メソメソ

[こたえ] 泣いている様子

問題 444 [4][5]歳児

ジーン

[こたえ] 感動している様子

問題 445 [4][5]歳児

イライラ

[こたえ] （心配ごとなどで）気が立っている様子

問題 446 [4][5]歳児

ぞくぞく、ぶるぶる

[こたえ] 怖くて震え上がっている様子

だじゃれ

つい言いたくなっちゃう楽しいことばあそび。ジェスチャーをつけて盛り上げましょう。

問題447 [4][5]歳児

チーターが
落っこちーたー

問題448 [4][5]歳児

小鳥が落ちたよ、
コトリ

問題449 [4][5]歳児

朝食食べられず、
チョーショック！

問題450 [4][5]歳児

トイレに
行っといれ

問題451 [4][5]歳児

ネコが
寝転んだ

問題452 [4][5]歳児

くさが、くさって、
くさい

問題453 [4][5]歳児

ストーブが
すっとぶ！

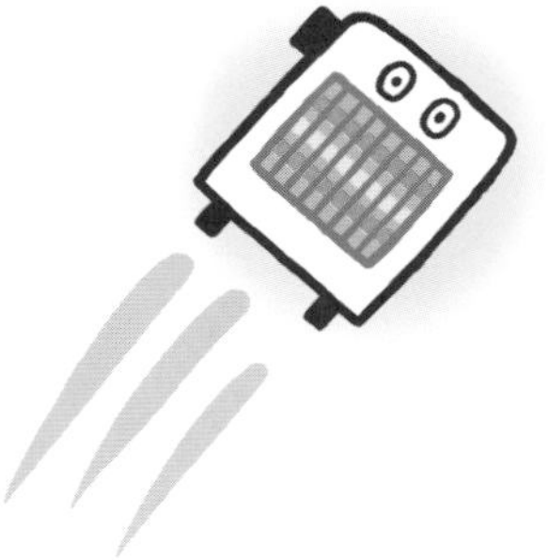

問題454 [4][5]歳児

酢豚を吸うブタ

問題455 [4][5]歳児

電話にでんわ

問題456 [4][5]歳児

シャベルが
しゃべる

問題457 [4][5]歳児

忍者は
なん人じゃ？

問題458 [4][5]歳児

ブドウ、
ひとつぶどう？

さかさことば

どちらが問題になってもこたえになってもＯＫ！　ほかのことばも探してみましょう。

問題 459 [4][5]歳児

いか（イカ）⟷かい（貝）

ヒント
- 足が 10 本あって海にいるよ。（イカ）
- かたい殻２枚にはさまれているよ。（貝）

問題 460 [4][5]歳児

くま（クマ）⟷まく（幕）

ヒント
- 森で会ったらすぐ逃げて！（クマ）
- 舞台の上で開いたり閉じたりするよ。（幕）

問題 461 [4][5]歳児

かり（狩り）⟷りか（理科）

ヒント
- 野生の鳥や動物を捕まえることだよ。（狩り）
- 小学校で習う自然などの教科のこと。（理科）

問題 462 [4][5]歳児

つな（ツナ）⟷なつ（夏）

ヒント
- マグロやカツオからできる缶詰だね。（ツナ）
- 春と秋の間で、暑〜い時期をさすよ。（夏）

問題463 [4][5]歳児

いた(板)↔たい(タイ)

ヒント
- 木を薄く平らに切ったもののこと。(板)
- 海に住む魚で、めでたい料理に使うよ。(タイ)

問題464 [4][5]歳児

いえ(家)↔えい(エイ)

ヒント
- みんなが住んでいる建物だよ。(家)
- 平らで長い尾が特徴の海の生き物。(エイ)

問題465 [4][5]歳児

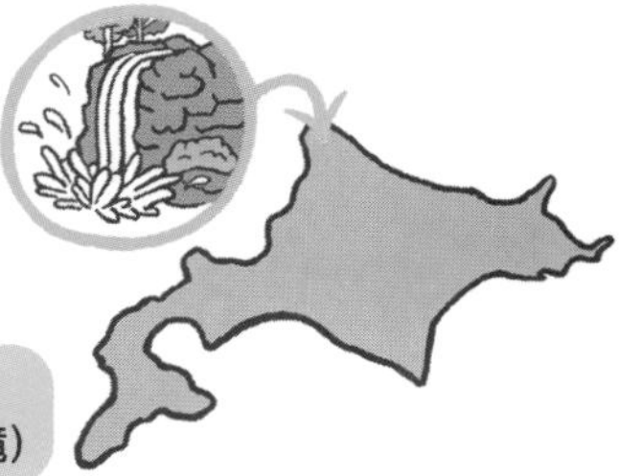

きた(北)↔たき(滝)

ヒント
- 東西南…とくれば、なにかな?(北)
- 高い場所から水が勢いよく流れるよ。(滝)

問題466 [4][5]歳児

わし(ワシ)↔しわ

ヒント
- 森や山に住む、くちばしとつめが鋭い鳥。(ワシ)
- 皮ふがたるんでできる筋を言うよ。(しわ)

さかさことば

問題 467 [4][5]歳児

くに（国）↔にく（肉）

ヒント
- 生まれた土地やふるさと。（国）
- 牛や豚、鶏などのこれを食べるよ。（肉）

問題 468 [4][5]歳児

さか（坂）↔かさ（傘）

ヒント
- 片方が高くて、もう片方が低いところ。（坂）
- 雨の日にさすものだよ。（傘）

問題 469 [4][5]歳児

しか（シカ）↔かし（菓子）

ヒント
- 森や山に住む角をもつ動物だよ。（シカ）
- みんな大好き。おやつの時間に食べるよ。（菓子）

問題 470 [4][5]歳児

すな（砂）↔なす（ナス）

ヒント
- 石のとても細かい粒だよ。（砂）
- 夏においしい紫色の野菜だよ。（ナス）

問題471 [4][5]歳児

てんぐ↔ぐんて
（天狗）　（軍手）

[ヒント]
- 顔が赤くて鼻が長い想像上の妖怪は？（天狗）
- 太い糸で編んだ作業用手袋のこと。（軍手）

問題472 [4][5]歳児

くるみ↔みるく
（クルミ）　（ミルク）

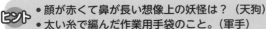

[ヒント]
- かたい殻に包まれた木の実だよ。（クルミ）
- 牛乳を英語で言うと？（ミルク）

問題473 [4][5]歳児

びきに↔にきび
（ビキニ）　（ニキビ）

[ヒント]
- 上下分かれた女性用の水着のこと。（ビキニ）
- 顔にできる小さなぶつぶつだよ。（ニキビ）

問題474 [4][5]歳児

みみたぶ↔ぶたみみ
（耳たぶ）　（ブタ耳）

[ヒント]
- 耳の下にある、ふくらんだ部分は？（耳たぶ）
- ブタの耳のことだよ。（ブタ耳）

早口ことば

子ども同士でも楽しめることばあそび。何回も繰り返して…だれが早く言えるかな？

問題475 [5]歳児

かばがかばをかばった

（カバがカバをかばった。）

問題476 [5]歳児

ぶたがぶたをぶった
ぶたれたぶたがぶったぶたをぶった

（ブタがブタをぶった　ぶたれたブタがぶったブタをぶった。）

問題477 [5]歳児

しかがしかをしかったしかし
しかられたしかがしかったしかをしかった

（シカがシカをしかった。しかし、しかられたシカがしかったシカをしかった。）

問題478 [5]歳児

ぞうがぞうきんでどうどうと
どうぞうをそうじしてたぞう

（ゾウが雑巾で堂々と銅像を掃除してたぞう。）

問題479 [5]歳児

さいきんさんさいのさいが
やさいがさいこーとうるさい

（最近、３歳のサイが野菜が最高！とうるさい。）

問題480 [5]歳児

さるざるとりさる×3回

(サルざる取り去る。×3回)

問題481 [5]歳児

ちゃぱつきんぱつはくはつ×3回

(茶髪、金髪、白髪。×3回)

問題482 [5]歳児

ごうとうそうとうすごいそうどうになってとうそうするもとうとうごうとうつかまる

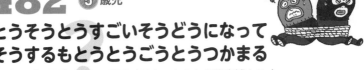

(強盗、相当すごい騒動になって逃走するも、とうとう強盗捕まる。)

問題483 [5]歳児

まだなつまなつあついなつ×3回

(まだ夏、真夏。暑い夏。×3回)

問題484 [5]歳児

なつやすみなつかしなつめやしなつになめる

(夏休みなつかしナツメヤシ、夏になめる。)

問題485 [3]歳児

チンパンジー

[こたえ] パン、パンジー

問題486 [4][5]歳児

アルミかん

[こたえ] アルミ、ミカン、缶

問題487 [3]歳児

ぞうきん

[こたえ] ゾウ、木、きん（金／菌）

問題488 [3]歳児

カバン

[こたえ] 蚊、カバ

隠れていることばを子ども達と探しましょう。上級編の少し長い文章にもチャレンジ！

問題489 [3]歳児

はくさい

[こたえ] は(歯／葉)、草、サイ、胃

問題490 [4][5]歳児

しょうかき

[こたえ] 蚊、かき(柿／牡蠣)、木

問題491 [4][5]歳児

きゅうしょく

[こたえ] 木、きゅう(9)、ウシ

問題492 [4][5]歳児

ゴキブリ

[こたえ] 木、ブリ

問題493 [4][5]歳児

いただきます

[こたえ] 板、木、マス、
す（巣／酢）

問題494 [3]歳児

トランペット

[こたえ] 戸、トラ、ラン（蘭）、
ペット

問題495 [3]歳児

カメレオン

[こたえ] 蚊、カメ、
メ（目／芽）、尾

問題496 [4][5]歳児

ようちえん

[こたえ] 家（うち）、絵、
えん（園／円）

問題497 [4][5]歳児

アイスクリーム

[こたえ] 愛、アイス、いす、栗、クリーム

問題498 [4][5]歳児

たまごやき

[こたえ] たまご、孫、木

問題499 [4][5]歳児

オレンジジュース

[こたえ] オレ、レンジ、ジジ（おじいさん）、ジュース

問題500 [3]歳児

パパイヤ

[こたえ] パパ、パイ、胃

問題 501 ④⑤歳児
こままわし

こたえ こま、ママ、輪、ワシ、まわし

問題 503 ④⑤歳児
しょうぼうしゃ

こたえ 棒、帽子、ウシ

問題 502 ④⑤歳児
すいとう

こたえ す（酢／巣）、胃、糸、塔

問題 504 ③歳児
ドーナツ

こたえ 銅、夏

172

上級編

問題 **505** 5 歳児　　ヒント ゆっくり読んでごらん。

お庭に咲いたらいいね （おにわにさいたらいいね）

こたえ おに (鬼)、わに (ワニ)、にわ (庭)、さい (サイ)、
たら (タラ)、いね (稲)

問題 **506** 5 歳児　　ヒント 動物が隠れているよ。

肉まんが好き、しゅうまいが好き、いや餃子
が好き （にくまんがすきしゅうまいがすきいやぎょうざがすき）

こたえ くま (クマ)、うま (ウマ)、が (ガ)、やぎ (ヤギ)

問題 **507** 5 歳児　　　ヒント 海の生き物が多いみたい。

「向こうにいるかいないか、確かめてくださると有り難いです」

（むこうにいるかいないかたしかめてくださるとありがたいです）

こたえ うに (ウニ)、いるか (イルカ)、かい (貝)、いか (イカ)、かめ (カメ)、さる (サル)、あり (アリ)、が (ガ)、たい (タイ)

問題 **508** 5 歳児　　　ヒント ひと言、ひと言をていねいに！

冷蔵庫の中にある野菜ジュースを取り出して飲みこんだ。アーうまい。

（れいぞうこのなかにあるやさいじゅーすをとりだしてのみこんだ。あーうまい。）

こたえ ぞう (ゾウ)、か (蚊)、かに (カニ)、さい (サイ)、とり (鳥)、のみ (ノミ)、うま (ウマ)

同じことばが入るよ

○の中に入る、同じことばを探してみましょう。ほかにも当てはまることばを見つけてね。

問題509 [5]歳児

ト○ト、サツ○イモ、
た○ご
○に入ることばは？

こたえ マ（ま）

問題510 [5]歳児

カ○パ、葉○ぱ、
ラ○パ
○にことばを入れてね。

こたえ ッ（っ）

問題511 [5]歳児

ア○ス、ラ○ス、
ク○ズ
なにが入るかな？

こたえ イ

問題512 [5]歳児

ヒント あいうえお…の一番最後の文字が入るよ。

イ○コ、サ○タ、
ヒ○ト
○に入ることばは？

[豆知識] サンタクロースは、キリスト教の聖人ニコラウスがモデル。トナカイと一緒にプレゼントを配る姿は、ヨーロッパの言い伝えがもとになったそうです。

[こたえ] ン

問題513 [5]歳児

イ○カ、ス○メ、
ひ○ね
入ることばはなあに？

[豆知識] スルメとは、イカの内臓を取り除いて乾燥させたもの。日持ちするだけでなく、うま味が凝縮して味わい深くなります。

[こたえ] ル（る）

問題514 [5]歳児

お○し、か○し、
ゆ○た
どんなことばが入る？

[こたえ] か

問題515 [5]歳児

サ○ラ、イ○ラ、
オ○ラ
○に入ることばは？

[こたえ] ク

問題516 [5]歳児

ク○ラ、お○や、
ラ○オ
入ることばはなーんだ？

[こたえ] ジ（じ）

同じことばが入るよ

問題 517 [5]歳児

うめ○し、に○し、
ひこ○し
○に入ることばは？

[こたえ] ぼ

問題 518 [5]歳児

き○う、じ○う、
り○う
どんなことばが入る？

[こたえ] ゆ

問題 519 [5]歳児

ほ○き、そ○じ、
こ○じ
○になにが入る？

[こたえ] う

問題 **520** 5 歳児

ヒント　ほかには、シ○ルやレ○ル、ス○プもあるよ。

ソ○ダ、コ○ラ、ビ○ル　○にはなにが入る？

こたえ ー（のばす音）

豆知識　日本に初めて炭酸飲料が伝えられたのは、1853 年にアメリカ人のペリーが浦賀に来航したときと言われています。

問題 **521** 5 歳児

ラン○セル、サン○イッチ、ブル○ック　どんなことばが入る？

こたえ ド

豆知識　ランドセルは、幕末の江戸時代に軍隊で使われていた布製の鞄が始まりと言われています。語源はオランダ語の「ランセル」が変化したものだそうです。

問題522 [5]歳児

ラー○ン、
そう○ん、
イケ○ン
○に入ることばは？

こたえ メ（め）

[豆知識] イケメンとは、「イケている（かっこいい）」「メンズ（男性）」の略。2000年前後に若者ことばとして誕生し、世間に浸透したそうです。

問題523 [5]歳児

しょく○ン、
○ジャマ、
アップル○イ
同じことばを入れてね。

こたえ パ

[豆知識] アップルパイは、砂糖で甘く煮たリンゴをパイ生地で包み、オーブンで焼いた欧米の定番スイーツのこと。イギリスが発祥です。

語尾あそび

○○ぱい、○○もち…語尾が同じなのに意味が違うの楽しいね。ほかにも探せるかな？

[4][5]歳児 クリ

問題524

驚いたときにでるクリは？

こたえ びっくり

問題525

うりふたつのクリは？

こたえ そっくり

問題526

シャツのそでをまくるクリは？

こたえ 腕まくり

問題527

速いの反対のクリは？

こたえ ゆっくり

問題528

発表会で失敗しちゃったときにでるクリは？

こたえ がっくり

問題529

ヒック、ヒック…突然口から出てしまうクリは？

こたえ しゃっくり

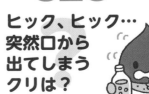

[4][5]歳児 タイ

問題530

せんべいを
かじったよ。
出てくる
タイは？

[こたえ] かたい

問題531

役者や歌手が
立っている
タイは？

[こたえ] 舞台

問題532

遠距離恋愛の
カップルが
いつも思って
いるタイは？

[こたえ] 会いたい

問題533

結婚式で
たくさん
出てくる
タイは？

[こたえ] めでたい

問題534

お父さんが
首に絞めて
いる
タイは？

[こたえ] ネクタイ

問題535

こちょこちょ
されると
なる
タイは？

[こたえ] くすぐったい

❹ ❺ 歳児 **サイ**

問題 **536**

ニンジン、
キャベツ、
ジャガイモ…
のサイは？

こたえ 野菜

問題 **539**

深いの
反対の
サイは？

こたえ 浅い

問題 **537**

生まれながらに
才能を
持っている
サイは？

こたえ 天才

問題 **540**

4年間
生きている
サイは？

こたえ 4歳

問題 **538**

「プ〜ン…なんか
におう」
ときの
サイは？

こたえ くさい

問題 **541**

「静かに！」
と言われる
サイは？

こたえ うるさい

語尾あそび

[4][5]歳児 パイ

問題542

挑戦したけど、うまくいかないパイは？

[こたえ] 失敗

問題543

山のようにたくさんあるパイは？

[こたえ] いっぱい

問題544

塩をたくさんなめたときのパイは？

[こたえ] しょっぱい

問題545

「大丈夫かな？ケガしないで」と思うパイは？

[こたえ] 心配

問題546

梅干しやレモンを食べたときのパイは？

[こたえ] 酸っぱい

問題547

コップとコップがぶつかるパイは？

[こたえ] 乾杯

[4][5]歳児 もち

問題548

バランスを
くずしておしりを
ついたときの
もちは？

[こたえ] しりもち

問題549

ドキドキ、
ワクワク…
どんなもち？

[こたえ] 気持ち

問題550

お正月に現れる、
一番上に
ミカンが
あるもちは？

[こたえ] 鏡もち

問題551

仲良しの子が
ほかの子と
仲良くしてる
ときのもちは？

[こたえ] やきもち

問題552

なんでも運ぶぞ！
重くても
まかせて！
のもちは？

[こたえ] 力持ち

問題553

長い間使えて、
役に立つ
時間が
長いもちは？

[こたえ] 長持ち

問題 554

だんごむし
むごんだ

ダンゴムシ、無言だ

問題 555

うまがまう

ウマが舞う

問題 556

らいおんおいら

ライオン、おいら？

問題 557

めだかだめ

メダカ、ダメ！

問題 558

すでにおにです

すでに鬼です

問題 **559**

さかなのなかさ

魚の中さ

問題 **560**

よるれもん
もれるよ

夜、レモン漏れるよ

問題 **561**

ななばんばなな

七番〜、バナナ

問題 **562**

くつ
みかんかみつく

靴、ミカン噛みつく

問題 **563**

となかいかなと

トナカイかな？と

回文

問題 **564**

かぶかぶと ぶかぶか

かぶ兜、ブカブカ

問題 **565**

でるでおなら なおでるで

出るで！おなら、
なお出るで

問題 **566**

すなばてばなす

砂場、手放す

問題 **567**

いたいとにかく かにといたい

いたい…とにかく
カニといたい

問題 **568**

きてすもうも すてき

来て！　相撲もステキ

問題 569

みるくにくるみ

ミルクにクルミ

問題 570

たしかにかした

確かに貸した！

問題 571

ままがわたしに
したわがまま

ママが私にした
わがまま

問題 572

たしました

足しました

問題 573

まさかさかさま

まさか、逆さま！

回文

問題574
わにのにわ

ワニの庭

問題575
たいがあがいた

タイガーがいた！

問題576
こどもどこ

子ども、どこ？

問題577
めぐすりすぐめ

目薬、すぐ目！

問題578
いけとけい

いけ～！　時計！

問題 579
すいとういす

水筒とイス

問題 580
かすたーどを
どーたすか

カスタードを
どう足すか？

問題 581
いかうどんうる
うんどうかい

イカうどん売る、
運動会

問題 582
りもこん
てんこもり

リモコンてんこもり

問題 583
じいさん
てんさいじ

じいさん、天才児

擬音語あそび

同じことばをくり返し唱えると…
別のことばになっちゃった！
わざと早く出すのも楽しいです。

問題584 [3]歳児

背中が…

カイカイカイカイカイカイカイカイカイカイ

隠れている海の生き物は？

[こたえ] イカ

問題585 [3]歳児

おばあちゃんの…

まごまごまごまごまごまごまごまごまご

隠れている食べ物は？

[こたえ] ゴマ

問題586 [3]歳児

コロッケが…

サクサクサクサクサクサクサクサク

隠れているけど生えているのは？

[こたえ] 草

問題587 [4][5]歳児

転んでしまった…

イタイイタイイタイイタイイタイイタイ

隠れている魚は？

[こたえ] タイ

問題588 [3]歳児

カラスが…

カアカアカアカアカアカアカアカア

隠れている色は？

[こたえ] 赤

問題589 [4][5]歳児

プールで…

すいすいすいすいすいすいすいすい

隠れている座るものは？

[こたえ] いす

問題590 [3]歳児

パン生地を…

こねこねこねこねこねこねこねこね

隠れている動物は？

[こたえ] ネコ

問題591 [4][5]歳児

おばけに…

びくびくびくびくびくびくびくびく

隠れている体の部分は？

[こたえ] 首

問題592 [3] 歳児

大ヒント 表裏が逆になってないか、注意してはいてよ。

ヒント1

ぼくたちは、
ふたつで１セットだよ。

ヒント2

体に合わせて大きくなって
いくんだ。

ヒント3

どろんこになると汚れが落ち
にくいけど…いっぱいあそんでね。

ぼくたち、だーれだ？

こたえ 靴下

問題593 [4][5] 歳児

大ヒント カチカチカチ、長い針と短い針でみんなに時間を教えるんだ。

ヒント1

私のこと、みんながチラチラ見て
くるよ。もう読めるの？

ヒント2

みんなが帰ったあとも、
休まず働いているわ。

ヒント3

私を見て、「こんな時間だ！」って
驚かれちゃった！

私はだあれ？

こたえ 時計

園や家で見慣れたものを３つのヒントでゆっくり想像していくあそび。実物を見せても楽しいですね。

問題594 [3]歳児

[ヒント1]

ぼくは、暑い夏に風と
一緒に活躍するんだ！

[ヒント2]

今や、ひとりにひとつの
時代かな？

[ヒント3]

大きいの小さいの、手に持つもの…
いろんなぼくを楽しんで！

ぼくはだれかな？

[大ヒント] 首をふりふり、みんなに涼しい風を届けるよ。

[こたえ] 扇風機

問題595 [4][5]歳児

[ヒント1]

私は、一年中必要とされています。
暑いときも寒いときもおまかせ。

[ヒント2]

でも、ずーっとそばにいすぎると、
具合が悪くなっちゃうかも。

[ヒント3]

外であそんでいても、私は快適な
温度にして部屋で待っているよ。

私はだれかしら？

[大ヒント] 暑い夏は、絶対に私をつけてね。寝る前も温度を調節しながらだよ。

[こたえ] エアコン

問題 596 4 5 歳児

大ヒント 部屋でも外でも、私にぶつからないように気をつけて。掃除のときはピカピカにしてね。

ヒント1

私は、風を通したり、
太陽の光を届けたりするの。

ヒント2

開けたり閉めたりして
調節してね。

ヒント3

透明だから、外から見えちゃうよ。
カーテンが友達。

私はだあれ？

こたえ 窓

問題 597 4 5 歳児

大ヒント 公園に行くときや、お掃除のときがぼくの出番だ！

ヒント1

ウマのおしりだって？
違いますよー！

ヒント2

ぼくは水を運んだり、土を運んだり
するときに役立つよ。

ヒント3

みんながぼくを持って、走る姿を
見るとワクワクするんだ。

ぼくはだーれだ？

こたえ バケツ

問題598 [4][5]歳児

ヒント1

ゾウさんの鼻みたいだって？
確かによく言われるけど。

ヒント2

この鼻から何かが出てくるよ。

ヒント3

みんながガブガブ飲んでいる姿、
見るとごきげんになっちゃう。

私はだれでしょう？

大ヒント お家だと、台所にあるよ。水を沸かしてお湯がでることもあるから気をつけて！

こたえ やかん

問題599 [4][5]歳児

ヒント1

私のはこれ！　ぼくのはこれ！
ひとり１個ずつ持っているね。

ヒント2

名前はしっかり書いてね。
間違えないようにね。

ヒント3

さあ～私に口をつけてぐびっと
いってくれぃ。おいしいね。

さて、私はだーれだ？

大ヒント 割れない私も、割れちゃう私もいるの。上手に飲めるように練習しよう。

こたえ コップ

問題600 [4][5]歳児

[ヒント1]
私は世界一周や、
宇宙一周をするのが得意です。

[ヒント2]
一生懸命、大きなお皿にのせようと頑張っているキミが大好き。

[ヒント3]
ひとりでも大歓迎！
いつでも一緒にあそびたいよ。

さて、私はだあれ？

[大ヒント] 赤い玉がついているんだ。子どもも大人もあそべるよ。

[こたえ] けん玉

問題601 [4][5]歳児

[ヒント1]
ぼくは、くるくるダンスが
大好き！

[ヒント2]
そんなぼくを見て「すごい！」ってみんなが集まってきてくれる。

[ヒント3]
ひもがないと、どこまでも飛んでいっちゃうからしっかり回してよ。

ぼくは、だーれだ？

[大ヒント] 意外と、お父さんやおじいちゃんが得意かもしれないよ。お正月にもあそびたいな。

[こたえ] こま

問題 **602** ③歳児

大ヒント 色や柄、大きさの種類は たくさんあるよ！ でも全部四角いんだ。

ヒント1

折ったり、しわをつけたりしても OK だよ！

ヒント2

切っても、ちぎっても、 ペンで書いてもいいよ。

ヒント3

いろいろなものに変身 できるんだ！

ぼくはだれでしょう？

こたえ **折り紙**

問題 **603** ③歳児

大ヒント 大きさも素材もいっぱいあって、 ポーンポンってはねるよ。

ヒント1

ぼくのことは、蹴っても、 投げてもいいよ。

ヒント2

でも、汚れたらやさしくふいて おくれよ。

ヒント3

みんなとあそべるのをずっと 待っている丸いものだよ。

さあ、だーれだ？

こたえ **ボール**

あいうえお宝探し

問題 604 [4][5]歳児

園にある「あ・い・う・え・お」ってなあに？

こたえ

[あ] 安全ピン、赤の折り紙、青のクレヨン、足あと、泡　[い] いす　[う] 歌、植木鉢、うわばき　[え] えんぴつ、絵本、エアコン　[お] オルガン、オムツ　など

問題 605 [4][5]歳児

公園にある「あ・い・う・え・お」なーんだ？

[こたえ]

[あ] アリ、あな　[い] 石、池、いす（ベンチ）
[う] うんてい　[え] 枝　[お] 大きな木　など

問題 606 [4][5]歳児

海にいる「か・き・く・け・こ」だあれ？

[こたえ]

[か] 貝、カニ、カメ、カモメ、海賊
[き] キンメダイ　[く] クラゲ、クジラ
[け] ケガニ　[こ] こんぶ　など

問題 607 [4][5]歳児

山にいる「か・き・く・け・こ」なーんだ？

[こたえ]

[か] カブトムシ、柿、川　[き] 木、木の実
[く] クワガタ、草、クマ　[け] 毛虫
[こ] コウモリ、こけ　など

・こたえさくいん・

* Part1，Part2 のみ掲載しています。

● 著者

北島尚志（アフタフ・バーバン）
きたじまたかし

　1956年東京都生まれ。1997年児童館職員から独立し、あそび・劇・表現活動センター「アフタフ・バーバン」を設立。2005年「NPO法人あそび環境 Museum アフタフ・バーバン」に変更。理事長に就任。2020年理事長を退任後、フリーとして活躍中。

　表現することを楽しみ、コミュニケーションする力【かかわり合いの日常】を豊かにしていくため、表現活動としてのあそびの世界にこだわった“表現活動クリエイター”。子ども達が、あそび心を発揮できる環境づくりを目指して、町を舞台にし、地域の大人達を巻きこんだ実践を多く手がけている。また、アフタフ・バーバンの参加型作品の演出も担当。そのほか子どもの権利条約批准後、その普及のため、独自のワークショップを展開している。現在の主な活動内容は、アフタフ・バーバン フリースタッフ、聖心女子大学非常勤講師、子どもの権利条約 31条の会世話人、Radiotalk にて、ラジオCafe31（毎週金曜日）配信など。

STAFF　カバーデザイン／宮崎萌美（Malpu Design）
　　　　　カバーイラスト／常永美弥、ほりいえみ
　　　　　本文デザイン・DTP／谷 由紀恵
　　　　　本文イラスト／＜五十音順＞市川彰子、おおたきょうこ、こいしさん、坂本直子、
　　　　　　　　　　　　ツナチナツ、常永美弥、鳥居志帆、仲田まりこ、野田節美、ほりいえみ
　　　　　執筆協力／あそび環境 Museum アフタフ・バーバン、アフタフ・バーバン関西、
　　　　　　　　　　あそび心 BASE アフタフ・バーバン信州
　　　　　編集協力／株式会社スリーシーズン
　　　　　編集担当／野中あずみ（ナツメ出版企画株式会社）

本書に関するお問い合わせは、書名・発行日・該当ページを明記の上、下記のいずれかの方法にてお送りください。電話でのお問い合わせはお受けしておりません。
• ナツメ社 web サイトの問い合わせフォーム
　https://www.natsume.co.jp/contact
• FAX（03-3291-1305）
• 郵送（下記、ナツメ出版企画株式会社宛て）
　なお、回答までに日にちをいただく場合があります。正誤のお問い合わせ以外の書籍内容に関する解説・個別の相談は
　行っておりません。あらかじめご了承ください。

保育で使える！　子どもたちが喜ぶ！
ほいく　　つか　　　　　こ　　　　　　　　　よろこ
なぞなぞ＆ことばあそび

2024 年 3 月 5 日　初版発行

著　者　北島尚志　©Kitajima Takashi,2024
　　　　きたじまたかし
発行者　田村正隆
発行所　株式会社ナツメ社
　　　　東京都千代田区神田神保町1-52　ナツメ社ビル1F（〒101-0051）
　　　　電話　03-3291-1257（代表）　FAX　03-3291-5761
　　　　振替　00130-1-58661
制　作　ナツメ出版企画株式会社
　　　　東京都千代田区神田神保町1-52　ナツメ社ビル3F（〒101-0051）
　　　　電話　03-3295-3921（代表）
印刷所　ラン印刷社

ISBN978-4-8163-7498-2　　Printed in Japan

ナツメ社Webサイト
https://www.natsume.co.jp
書籍の最新情報（正誤情報を含む）は
ナツメ社Webサイトをご覧ください。